Hans Wollschläger · *In diesen geistfernen Zeiten*

Hans Wollschläger

In diesen geistfernen Zeiten

Konzertante Noten
zur Lage der
Dichter und Denker
für deren
Volk

Haffmans Verlag

1.–4. Tausend, Frühling 1986

Alle Rechte vorbehalten
Copyright © 1986 by
Haffmans Verlag AG Zürich
Satz: Farbendruck Weber, Biel
Herstellung: Benziger, Einsiedeln
ISBN 3 251 00075 6

Die hier komponierten Texte sind Gelegenheitsreden – zu einem Thema freilich, das seit Jahrhunderten schon, ja eigentlich seit eh und je, keinerlei besondere Gelegenheit brauchte, um aktuell zu sein. Darum konnten sie auch, obwohl ihr Beginn fast ein Jahrzehnt zurückliegt, unverändert bleiben – selbst da, wo die Zeit über sie hinweggegangen ist, wie man meinen könnte, in den Daten und Zahlen nämlich der beschriebenen Verhältnisse: sie haben sich nur in Proportion zur allgemeinen Teuerung etwas nach oben verschoben, eine rein äußerliche Bewegung, so scheinhaft wie die des Fortschritts überhaupt. Nur scheinbar auch geht man in jedes neue Jahr mit neuen Wünschen; daß es, gelegentlich zurückbesehen, wie eh und je die alten sind, mag mehr zu denken geben als sie selbst. In Deutschland zeichnen Probleme sich dadurch aus, daß sie beliebig in die Jahre kommen können und doch so jugendfrisch bleiben wie am ersten Tag – : wenigstens darin denn hoffen die Texte über sie mit ihrem Ursprungsland gemeinsame Sache machen zu können und so den Leser zu bewegen, ihnen weiterhin seine Teilnahme zu gönnen.

I.

In diesen geistfernen Zeiten

Allegro con brio

Angelegentliche Rede
zur Verleihung
eines Literaturpreises

– und das Zitat liegt mir wahrhaftig nicht nur darum nahe, weil ich gestern hier in München aus und über Karl Kraus gelesen habe, – in diesen geistfernen Zeiten für eine Geistes-Arbeit öffentlich geehrt zu werden, hat gerade in der Freude, die es weckt, etwas Irritierendes. Denn es stört die Geschlossenheit der Anschauung einer Welt, die unsereinen sonst ja nur störend umgibt und ganz und gar nicht ehrend; es verzerrt das Bild einer Gesellschaft, die zu unserem Leben sonst kaum anderes beiträgt als Anlässe, den Weltlauf zum Davonlaufen zu finden; es könnte sich der mißtrauischen Betrachtung am Ende als der Versuch dieser Gesellschaft darstellen, den Regelbefund zu durchbrechen und durch eine bestechende Ausnahme für sich einzunehmen. Gerade in der Freude, die es weckt und für die Ihnen zu danken ich hier stehe – irritiert, beunruhigt, durchaus verlegen: – ich kann sie, diese Freude, nicht so nüchtern und gedankenlos hinnehmen, wie ich's, in diesen geistfernen Zeiten, sollte und wollte, und sie wäre es vor allem, die ich, wo ich Ihnen danken soll und will, mit Ihnen kritisch zu bedenken hätte. Denn sie macht mir zu schaffen; sie macht mir, der Leben und Arbeit in aller Gelassenheit darauf eingerichtet hat, ohne externen Beifall auszukommen, schwer zu schaffen – in einem Sinn, der über den Widersinn der mir zugewendeten Ehre hinausreicht. Sie, die bloße Ehre, mit Verdis Falstaff für »nichts als zwei Silben« zu halten, brächte ich durchaus fertig, und vor dem Ambivalenz-verlust gegenüber dem Vielberedetsein in der Presse bewahrt mich mühelos der Grundsatz, den Gustav Mahler in die klösterliche Regel gefaßt hat: wir dürften uns nicht über das Lob von Leuten freuen, deren Tadel wir gering achteten. Und das tun wir ja: er ist fürs Persönliche, für die Nerven, bloß eine anerkannte Belästi-gung und für die Arbeit ohne Wert; was immer Kritiker von dieser Arbeit verstehen mögen, fraglos verstehen sie ja weniger davon als wir, weil sie's sonst selber machen würden; man kann nichts davon lernen – und muß sie in aller Ruhe der Aufgabe überlassen, wenn sie denn schon über uns reden wollen, zu anderen über uns zu reden, und den Aberglauben, daß die Gesellschaft an unseren Kunstwerken produktiv mitwirke, ebenso ruhig den Soziologen. Was also irritiert mich an meiner

Freude? Ich müßte kritisch mit Ihnen bedenken, ob es die Ohnmacht ist, mit der ich mich dem Brauch füge, dem Gelobten das Lob so direkt hinter die Ohren zu schreiben, ein Vorgang, auf den ja kaum anders als stumm und stillhaltend zu antworten ist. Denn wo so lobend und labend über einen gesprochen wird, ist das Zurücksprechen schwierig: man könnte, wenn's nach den bürgerlichen Benehmensregeln ginge, eigentlich nur abwehren: alles halb so wild, oder, ging's nach der Ehrlichkeit, zustimmen – und erklären, wie das alles völlig richtig sei, wie wichtig man sich selber finde, wie gleichso angetan man von sich selber sei (und wir wollen uns doch rasch einig werden, daß vor der eigenen, inneren Zensur-Instanz wirklich nur die Lumpe bescheiden sind), wie – ganz im Ernst nun – *ernst* man sich selber nimmt. Beides wäre, als Dank, sehr wenig geeignet. Was irritiert mich? Ich müßte mit Ihnen die schwierige Frage bedenken, mit welchem Recht ich's annehme, in der Regel dieser Gesellschaft, in der dem Künstler nichts geschenkt wird, die Ausnahme zu sein; – aber auch das deckt nicht den Rest. Ich muß am Ende die ganze Ehre, die mir durch Sie zuteil wird, doch auf sich beruhen lassen, stumm und stillhaltend, und kann die Pflicht, die mir durch sie zuteil wird: zu Ihnen zu sprechen, sinnvoll nur auf die Andere Seite meiner Freude und meines Danks beziehen – jene andere Seite, die man ›auch‹ hören soll und die, wie es dann manchmal kommt, die wichtigere ist.

Sprechen wir also – in diesen geistfernen Zeiten, in denen dem Künstler nichts geschenkt wird – vom *Geld*. Nun hat kürzlich erst Hanns Grössel aus dem gleichen Anlaß einer Preisverleihung auf die Situation der Literaturübersetzer hingewiesen und sie konfrontiert mit dem Rang der Aufgabe, die ihnen zugewiesen ist: der »Öffnung der literarischen Grenzen«. Er hat die Situation »skandalös« genannt und dargelegt, wie sie sich aufs Große Ganze des Bildungsbefunds auswirke: als stufenweise Annäherung nämlich an einen »Zustand der literarischen Provinz«. Nun kann man den Kenntnisstand unseres Volks der Dichter und Denker ja sicher gar nicht gering genug einschätzen; aber selbst im Bewußtsein der kleinen Kreise, in denen noch gelesen wird, jener auch, in denen geschrieben wird, nimmt die Gegenwärtigkeit dessen, was Goethe als erster »Weltliteratur« nannte, immerzu ab. Das gehört nun allerdings exakt zum Lauf der Welt, und für das Ärgernis, das unsereins daran nimmt, ist im Gesetz kein Paragraph vorgesehen. Auch handelt eine Gesellschaft, deren Lebensstandard ihren Geistesstandard so glücklich überflügelt hat, ja doch, wenn sie sich vom Leibe hält, was andernorts über Leben und Geist gedacht wird, in berechtigter Notwehr: man muß da viel Verständnis haben. Die Literaturübersetzer, bei denen das alles umgekehrt ist, nehmen sich da fast abartig aus, und wenn sie klagen über ihre Situation, stehen sie imgrunde, gegen soviel kommunes Einvernehmen, bloß als Sonderlinge da, die mit ihrer Schrulligkeit verdientes Pech gehabt haben. Ihre Situation, die skandalöse, die zum Skandal nicht taugt: sie ist in diesen geistfernen Zeiten natürlich wirtschaftlicher Natur. Hanns Grössel hat einige Zahlen genannt; und da man, nach Stendhal, eine Wahrheit gar nicht oft genug wiederholen kann, damit sie durchdringe, wiederhole ich sie Ihnen hier, ja ich mache sie, aus dem reichen Schatz meiner Erfahrungen, noch ein bißchen garstiger. Das durchschnittliche Honorar für Literaturübersetzungen beträgt heute 15,– DM pro Seite, und Sie können das leicht auf einen Stundenlohn umrechnen: bei mir (und den meisten anderen) macht eine Seite, bis sie ganz fertig ist, gut 2 Stunden Arbeit. Also 7,50 brutto – für eine Leistung, deren Facharbeitscharakter ja in der Regel unbestritten ist; das wären, also, bei der berühmten 40-Stunden-Woche 1200,– DM brutto im Monat. Ich sagte ›wären‹, denn *wir* haben zwangsläufig eine 80-Stunden-Woche – und kommen trotzdem nicht aufs Doppelte, da ein Teil der Zeit ja dafür weggeht, daß wir Information aufnehmen müssen, lesen müssen, schlicht ›lernen‹, um dem riesigen Fachgebiet gewachsen zu bleiben (und wenn wir so verschroben sind, auch darüberhinaus noch, auf anderen Gebieten, Kenntnisse erwerben und erweitern zu wollen, geht weiteres vom Verdienst ab). Ich sag's konkret: ich habe im letzten Jahr, wo ich pausenlos tätig und verschroben war, exakt 19.214,– DM brutto verdient; so leben wir alle Tage; genug. Betrachten wir dafür – ich habe da vor einer Weile das eindrucksvolle Erlebnis gehabt, wie ein Vertreter der Ärzteschaft auf dem Bildschirm erschien und mitteilte, seine Berufsgruppe gedenke im laufenden Jahr entgegenkommenderweise bloß 9 % mehr zu nehmen (– also nichts gegen die Ärzteschaft, es sei denn den Wunsch, sie möchte auch ein bißchen kenntnisreicher und auch verschrobener werden) – betrachten wir dafür noch einen historischen Aspekt: um wieviel sind die Honorare der Übersetzer in letzter Zeit gestiegen? Ich schöpfe die Zahl aus 15 Jahren einschlägiger Tätigkeit: es waren in 15 Jahren insgesamt knapp 25 % – und darin wäre noch der Hereinbruch der Mehrwertsteuer zu berücksichtigen: da das Kombinat aus unserm Kopf und unserer Schreibmaschine wenigstens nach Auffassung des Finanzamts mehr Werte schafft, indem sie nämlich aus weißem Papier Prosa macht, werden wir entsprechend zur Kasse gebeten. Und um wieviel unsere Honorare im laufenden Jahr steigen werden, kann ich ebenfalls exakt angeben: um 0 %. Es ist ein schrulliger Beruf, den wir da ausüben, ein Beruf, an dem das Pech klebt wie Pech: – wieso kleben *wir* daran? Wie kommt es, daß der Qualitätsstand des Übersetzens doch noch jenen Tiefpunkt nicht erreicht hat, den die wirtschaftlichen Bedingungen eigentlich erzwingen? Er ist von seinen Höhepunkten freilich schon herunter, und so mögen Sie immerhin den Schatten einer Antwort daraus ablesen, daß Übersetzer *diese* Misere immer noch eher beklagen als ihre wirtschaftliche, deren Folge sie ist: wir *können* gar nicht so gut mehr arbeiten, wie wir könnten; ja wir müßten eigentlich schon längst viel schlechter arbeiten, als wir's immer noch tun. Arno Schmidt hat einmal bei Cooper darauf hingewiesen, anläßlich der Sauerländerschen Ausgabe, wie da derartige Schnitzer zu gewärtigen seien, daß man darin fast schon einen Racheakt der Übersetzer vermuten müsse. Ach, es waren wohl gar keine Racheakte; es waren – und sind – nur Folgen der gehetzten Erschöpfung; und dagegen gibt's – außer mehr Geld – als Antidot bloß den Kritiker Günter Blöcker, der unlängst den Trost ausgab, mißratene Übersetzungen hätten noch nie den Siegeszug eines Werks aufhalten können. Halten wir uns damit nicht auf; bleiben wir bei jenem Teil der Misere, der über die

Privatwirtschaft der Übersetzer hinausgeht: wieviel Qualität, die nicht ist, könnte sein! Denn das ahnen offenbar nur ganz wenige: welcher Aufwand des Abwägens auf eine Literaturübersetzung zu wenden ist, auf den Sinntransport nicht nur, auf die Erhaltung aller Schattierungen des originalen Worts, auf die Nachbildung der Stileigenheiten und ihres Abweichens vom Normgebrauch, sondern auch – und da beginnt die Arbeit, die das bloß Prosaische erst zur Prosa werden läßt – auf die Harmonie von Satz und Absatz, auf Duktus, Farben und aesthetische Stimmigkeit: – das alles kann man nur ganz selten noch voll einsetzen (und Sie mögen am ›Ulysses‹, dem Ihr Preis gilt, immerhin sehen, was herauskommt, wenn man es einsetzen kann). Ich sag's konkret: ich müßte 50,– DM pro Seite haben, um diesen Einsatz wagen zu können, und auch dann käme ich nicht einmal aufs Monatsgehalt eines Oberstudienrats. Was tun? Siegfried Unseld (der mir für die Ulysses-Seite sogar fast 60,– DM gezahlt hat: Gott gebe ihm langes Leben!) hat kürzlich den Vorschlag gemacht, daß unsere Übersetzungen doch von den Regierungen der Länder, deren Sprachwerke wir vermitteln, bezuschußt werden sollten: – das hat mir sehr gefallen, und ich habe einen feierlichen Moment lang bei der Vorstellung verhalten, daß ich mein Honorar dann künftig vom Präsidenten der Vereinigten Staaten beziehen würde. Aber ich weiß nicht, – ich habe kürzlich sein Antlitz gesehen, und da bin ich doch eher skeptisch geworden. Was also tun? Sie wollen sich lieber abwenden, längst schon, von soviel Schrulligkeit, und ich folge Ihnen für ein Weilchen: – wenden wir uns ersatzweise dem zweiten schrulligen Beruf zu, den Sie in mir geehrt haben und für den ich hier spreche, dem zweiten Beruf, auf den sich die Gesellschaft soviel zugute hält und dem sie zugleich so wenig zugute hält: sprechen wir von der Situation der Schriftsteller, denen diese Gesellschaft dreinredet wie sonst nur ihren Angestellten und die sie (weil das zu sein ja auch wahrhaftig keine Ehre ist) so wenig ehrt wie ihre Angestellten und die sie nicht nur schlechter als ihre Angestellten bezahlt, sondern überhaupt nicht. Es ist ja bekannt, daß ich das Übersetzen seinerzeit begonnen habe, um mir auf solche leidlich würdige, nicht zu sachfremde Weise die Zeit für eigene Bücher zu finanzieren: – daß dies in ausreichendem Maß gelingen könnte, war, nebenbei, die einzige Illusion, die ich mir in meinem bisherigen Leben geleistet habe. Wie die Zukunft dieser Illusion aussehen wird, weiß ich nicht; ich weiß nur, wie ihre Gegenwart aussieht, und möchte sie Ihnen beschreiben.

Sprechen wir denn – in diesen geistfernen Zeiten, in denen wir folglich vom Geld sprechen müssen – folglich von ›der Gesellschaft‹: – was hat sie mit uns und unseren Büchern zu schaffen? Diese Gesellschaft, in der auf einen Künstler tausend Kaufmänner kommen und tausendmaltausend Kurzwaren auf ein Kunstwerk, was könnte sie, in deren Farce Majeure wir uns so minderheitlich ausnehmen wie die Maus in der Kirche, wohl unnatürlich daran finden, daß wir auch deren Sozialstatus haben? Sicher, wir sind mit ihr befaßt, weil wir von ihr betroffen sind: wir schreiben sie ab und auf; sie kommt in unseren Kunstwerken so zwangsläufig vor wie Pontius im Credo; und vielleicht schaut sie ja bloß deswegen immer noch hinein, obwohl sie doch soviel Besseres vorhat und dieses Vorkommen sie, so wie sie beschaffen ist, ja schwerlich begeistern dürfte. Denn wir finden sie nicht begeisternd; wir – aber das sage ich nun doch ganz privat, weil's schneller geht: *ich mag sie nicht*. Als Mitmensch komme ich mit ihr zurecht: ihre Nöte beschäftigen mein Mitgefühl; aber als Mitdenkender nehme ich nicht an ihr teil: was sie verzückt, ödet mich an wie der Herr von Hassel den Schah; was sie nicht weiß, das macht mich heiß; wir sind geschiedene Leute. Aber ich will hier nun gar nicht gegen die Geistferne des Schieber- und Schaberlebens pathetisch werden, gar nicht gegen diese ganze Zeitgenossenschaft, die ihr bißchen Lebensraum als Umschlagplatz für Waren betrachtet und denn auch, im allgemeinen, das sittliche Niveau eines Güterbahnhofs hat, – gar nicht gegen den ganzen so vergnügt nicht-philosophischen Materialismus, – es sei denn mit dem kurzen Satz, den Nietzsche gegen das Christentum vorbrachte: seine Anhänger müßten mir getrösteter aussehen. Ich will nur gern wissen, wieso diese trostlose Gesellschaft, mit der wir doch schlichtweg gar nichts gemein haben, nicht einfach von uns abrückt wie wir von ihr, wieso sie dauernd mit uns zu tun haben will und sich Rechte gegen uns herausnimmt, denen ersichtlich von keiner Pflicht die Waage gehalten wird. Denn sie redet uns ja, wie gesagt, dauernd drein; sie greift in unsere Arbeit ein wie in kein anderes Privatleben sonst und wie in schon gar kein Berufsleben sonst; sie schreibt uns vor, wie wir's machen sollen, und kreidet uns an, was wir nicht so gemacht haben; es ist imgrunde nicht zu singen und zu sagen. Man hat gerade in diesem privatesten Beruf, der – was immer er ist – vom Finanzamt wenigstens ›frei‹ genannt wird, das widerliche Gefühl, von lauter Vorgesetzten umgeben zu sein: nicht nur die Kritiker gebärden sich in der Regel, als seien sie zwar auch unserm Publikum, aber vor allem uns selber gegenüber weisungsberechtigt; die ganze Gesellschaft führt sich mitunter so auf, als hätte sie uns Aufträge zu erteilen. Da sollen wir »politisch« sein (– und was könnte ich Ihnen nicht über die Gemütsart jener Zeitgenossen erzählen, die dem Verzicht auf ITT-Waren in den lauthals vorgetragenen Einfall ausweichen, daß die Barbarei in Chile durch Gedichte zu beeinträchtigen sei!); da sollen wir gefälligst rasch die Verhältnisse, die nicht so sind, verändern, die Zeitläufte verbessern, den ganzen Weltlauf, und was dergleichen sympathische Aufgaben mehr sind; und wenn uns nebenbei nicht auch noch die Bildungsmissionierung der gesamten Arbeiterschaft zugemutet wird, geistige Sozialhilfe für den Jedermann, dann zumindest doch, daß wir uns in Niveau und Verständlichkeitsgrad dauernd dafür bereit halten (und so bin ich denn auch kürzlich, in der Hamburger Universität, entsprechend zur Rede gestellt worden: welche »Zielgruppe« ich denn bei der Ulysses-Übersetzung eigentlich im Auge gehabt hätte!). Tun wir's nicht, sind unsere Kunst-Werke zu kompliziert, als daß sie sich dem dunstigen Verständnis zwischen Bildzeitung und Tagesschau erschlössen, so sind wir »elitär«, – und das Wort, in dem sich doch bloß die Denkfaulheit kugelt, fliegt uns mit einem Krach an den Kopf, als sollte es exekutiven Zwecken dienen. Ich habe da, bei »Diskussionen«, in letzter Zeit förmlich chaotische Erlebnisse gehabt, bei Rechts und Links und Jung und Alt: nicht zu singen und zu sagen. Elitär: das wäre ja doch das Produktionsbewußtsein der

Luxus-Unternehmer viel eher als das unsere: – schauen Sie in die Inserate und zählen Sie das Vorkommen des Wortes »exklusiv«: *so* hat noch nie ein geistiger Mensch von seinen Arbeiten gesprochen. Genießen wir, die nicht-elitär sein sollen, eine Sonderbehandlung? Die Gesellschaft, die jene Aufschwätzer wie das Natürlichste von ihrer Welt behandelt, die Gesellschaft, die ihren Materialismus ja doch spazieren führt wie ein Gütesiegel und die keinen größeren Fetisch kennt als das Privateigentum, diese Gesellschaft nimmt unseren Beruf, der allerdings zu den ganz raren gehört, deren Leistung ohne die Ausbeutung der Arbeitskraft anderer zustande kommt, sogar von ihren höchsten Idealen aus: wir sind praktisch die einzigen, deren privatestes Eigentum kraft Gesetz eines Tages »gemeinfrei« wird, dem man die unbegrenzte Vererbbarkeit abspricht, an dem sich jedermann bereichern kann. Dabei taxieren sie's wie jede ihrer Waren sonst, bloß viel strenger, und wie von selber fallen Kritikern Waren-begriffe dazu ein – wie dem Hanns-Hermann Kersten, der kürzlich eine Prosaprobe von mir in der ›Zeit‹ als »Handelsklasse B« bezeichnete (nicht näher begründet, aber doch nicht unbe-gründet: insofern nämlich, als der Ablehnung einer Ware des Diogenes-Verlags die Ablehnung einer Ware des Kersten *durch* den Diogenes-Verlag vorausgegangen war: für beides, Anlaß wie Reaktion, kann man durchaus Verständnis haben). Und so hat denn auch die gute Hälfte dessen, was mir auf Vortragsreisen zum ›Ulysses‹ gesagt wurde, in Beschwerden über seinen Hohen Preis bestanden. Ich bin nun zwar gar nicht am Absatz beteiligt und insofern die falsche Adresse; – aber welche Frechheit, dem Verleger, der in eine unsichere Sache des Geistes, die Joyce-Ausgabe, eine halbe Million investierte, die Kalkulation vorzu-rechnen! Da ist denn die Warenidentität voll hergestellt: das Buch, das sei doch bloß das bißchen Druck + Papier und ein Klacks Lumbeck; – vom Geist ist leider nie die Frage. Wo gibt es das noch sonst? Es wäre ja beim Fabrikanten eines sagenwir Nylon-Hemds vielleicht ganz angebracht: das besteht ja wirklich bloß aus Adipinsäurehexamethylendiaminschmelze (ich erfinde das rasch; ich verstehe nichts von Kunstfasern, nur von Kunst; es kann auch was anderes sein): – wo in dieser Gesellschaft wird

17

diesem Fabrikanten ins Gesicht hinein vorgerechnet, daß sein Hemd 3 Mark 20 kosten dürfe und keinen Pfennig mehr? Ich sehe mir die Leute, die mir ihren Lesewillen so vorrechnen wollen und doch nur ihre Geistverachtung in Zahlen fassen, immer genauer an: schwingt nicht in ihrem Ton die Drohung mit, den Geistkonsum überhaupt aufzugeben, wenn er nicht billig genug sei? Sie wissen auch genau, wie ernst wir das nehmen müssen, weil sie uns ja überdeutlich demonstrieren, wie leicht ihnen die Aufgabe dieser Gewöhnung fiele – und daß sie nicht einmal nennenswerte Entzugserscheinungen zu befürchten hätten. Ohne Hemd kann man sich in der Regel öffentlich nicht sehen lassen; ohne Kopf, in der Regel, schon. Diese Leute, die nichts dabei finden, daß etwa TV-Direktoren (deren Wirken auf Pension zu setzen sicher viel Anlaß sein mag) mit 10.000 Monatsmark in Pension gehen (ich lese viel und darum keine Zeitungen; man hat's mir bloß erzählt; ich glaube es nicht), diese Leute, die es im Bedarfsfall ganz natürlich finden, für eine handtellergroße Dose Kaviar 400,– DM zu zahlen, – wie, diese Leute wollen für ein Werk wie den ›Ulysses‹, dem sein Autor 7 Jahre Leben geopfert hat und sein Übersetzer 4, für über 1000 Seiten herrlichster Prosa und eine Leselust für Lebenslang, keine 140,– DM anlegen? Tausend hätte es kosten sollen! Sie reden uns drein, und der Whisky, den sie dazu brauchen und dessen leider gleichzeitigen Konsum wir bei Beurteilung ihres Dreinredens auch noch berücksichtigen müssen, kostet am Ende mehr als das Beredete selbst. Was ist da los? Sonderbehandlung – und doch nur Ware unter Waren? Auftrag, Kontrolle, Zensur durch die Öffentlichkeit – und doch ein mieseres wiesagtman Sozial-prestige als der letzte Angestellte im Öffentlichen Dienst? Es ist schlechthin schizophren. Diese Warengesellschaft, deren Majori-tät in die Sprechstunden der Nervenärzte gehört, – hat unsere Arbeit am Ende wirklich nichts anderes mit ihr zu schaffen, als daß sie ihr als Ware zugänglich ist? Sie sehen, ich suche Gründe, weshalb sie sich verpflichtet fühlen könnte, unsere Misere zu beachten. Es steht, in diesen geistfernen Zeiten, schlecht, mies, schizophren: ich finde keine.

Unsere Misere: – ich beschreibe auch sie, ganz kurz, in konkreten Zahlen. Nehmen wir mein ›Wallfahrten‹-Buch: ein mittleres Buch mit mittlerem Absatz, zum Gleichnis gut geeignet. Es auf die Welt zu bringen, habe ich volle neun Monate gebraucht, bei 16-Stunden-Tagen, sonntags und alltags, rund 4.300 Stunden also, und wer das darin verarbeitete Material ermißt, wird das für das Minimum eines trainierten Fachmanns halten; mein Lebensverbrauch in diesen 9 Monaten betrug bescheidene 14.000 DM brutto. Das Buch kostet 6.80; mein Honorar beträgt 10% (– ich sehe meinen Verleger Daniel Keel hier sitzen und will ihm zu Ehren doch rasch festhalten, daß er der einzige mir bekannte TB-Verleger ist, der seinen Autoren 10% zahlt: Gott gebe ihm langes Leben!). Nach den bisherigen Absatzerfahrungen wird es 8 Jahre dauern, bis die 10.000 Exemplare der Auflage verkauft sind – immer den günstigsten Fall angenommen, den man leider gar nicht annehmen darf: daß der Absatz mit schöner Gleichmäßigkeit weiterliefe. Nach 8 Jahren hätte ich 6.800 DM verdient – anders gesagt, ich müßte über 16 Jahre warten und mein Verleger über 20.000 Exemplare verkaufen, bis ich auch nur die Existenzkosten der Produktionszeit wieder herein hätte. So leben wir alle Tage. Aber daß wir uns selbst im Idealfall mit der Existenzfristung zufrieden geben müßten, ist gar nicht das Hauptproblem; auch nicht, daß man so ja ein Buch ans andere hängen müßte, ohne Zwischenpause, was schlechthin unmöglich ist: – wo bliebe, schon beim Übersetzen erwähnt, die Zeit zum Lernen? Denn das Bücherschreiben, das ist ja Arbeit im Quadrat: man muß, wenn man über Sich und die Welt Bücher schreiben will, heute eine Menge wissen, muß immer wieder in neue Gebiete eindringen, muß pausenlos das Weltgetriebe zur Inspektion holen; es ist des Lernens kein Ende. Von mir hat die Presse ja auch mit Verwunderung berichtet, wie sie mich da bei den verschiedensten Interessen und Tätigkeiten ertappt habe; *mich* hat nur die Verwunderung dabei verwundert. Es ist ja richtig: es kann durchaus sein, daß ich morgens eine Stunde sitze, um meine Kenntnislücken in Molekular-Biologie um einen Teilstrich zu verringern; daß ich mich mittags mit Akkadisch befasse (was mir doppelt wichtig vorkommt, seit der schon erwähnte Warentester

Kersten einen Satz in meiner Prosa als »spät-dadaistische Finger-
übung« erkannte, während er doch nur spät-akkadisch war,
nämlich ein Zitat aus der altbabylonischen Genesis); daß ich zum
Tee in einer Partitur der Wiener Schule lese und zum Abendbrot
in Schopenhauers Nachlaß (dem Besten, was an deutscher
Literatur in den letzten Jahren erschienen ist): alles brotlose
Künste, – wem sagen Sie das! Aber unwichtige, nicht lebens- und
berufsnotwendige Künste? Wie blicke ich nicht manchmal zu
den Germanisten hinüber, unserer angeheirateten reichen Ver-
wandtschaft, die alles hat, was wir entbehren, sogar ein For-
schungsjahr! An sich schon recht, denn andererseits ist es ja auch
wieder so, daß in der Regel die Dichter den Germanisten zu
forschen geben und selten die Germanisten den Dichtern. Was
haben wir, die sie (und andere) ja auch ein bißchen was lehren?
Wir haben immer noch unser Hauptproblem: wie bringen wir's
fertig, unsere Bücher überhaupt erst einmal zu schreiben, bevor
die absurden 16 Jahre Rücklauf der Investition einsetzen? Wie
finanzieren wir vor – bei so absurder Tilgungsaussicht? Und nun
will ich keine empörten Finger sehen, die sich auf die Verleger
richten: *sie* können's, so wie sie in diesen geistfernen Zeiten
kalkulieren zu müssen glauben, eben nicht. Können wir's? Ich
sage Ihnen sicher nichts Überraschendes, wenn ich mitteile, daß
meine Kreditwürdigkeit bei einem durchschnittlichen Monats-
einkommen ihre sichere Grenze findet: so oft ich die Bayerische
Vereinsbank betrete, welken im Foyer die Rosen. Völlig ver-
ständlich: was soll man auch von der Bonität von Leuten halten,
die, wenn sie bloß krank werden, binnen Monatsfrist bankrott
sind? Sie sehen, worauf meine Klage hinausläuft: keineswegs auf
ein Lamento darüber, daß ich nicht so leben kann wie der
Simenon in Frankreich. Denn sehn Sie: ich *könnte* ja durchaus
auch andere Berufe ausüben, und daß ich meine Lebenskonzep-
tion so und nicht anders verwirkliche, ist ein Vorgang, bei dem
der Wille ausnahmsweise so gut wie frei ist. So wenig ich
lamentiere, so wenig will ich freilich auch triumphieren: denn ich
könnte Ihnen schließlich auch erzählen, wieviel reicher – aber ja!
– und glücklicher ich in Gesellschaft der Schönen Künste lebe als
der Krämer und Schieber in Gesellschaft seines Krams. Verlassen

Sie sich darauf: wer Schöne Künste auf die Welt bringen kann, der *kann* auch eine Puddingfabrik leiten; – das Dilemma liegt nur darin, daß ihm dann die Verbreitung Schönen Puddings als ausreichender Lebenszweck erscheinen müßte. Nein, nicht daß die Künstler arm sind, ist das Problem. Sondern: daß ihre Armut nicht nur ihre Lebensbequemlichkeit verkürzt, *sondern ihre Produktion,* weil sie fürs bloße Existieren immer mehr Zeit abspalten müssen, zuletzt gar die ganze. Und das wäre nun ein Punkt, an dem ein paar Gedanken nicht schaden könnten. Denn so gleichgültig es dem Staat auch sein kann, wenn eine winzige Minderheit in ihrem freigewählten Beruf wirtschaftlich nicht reüssiert, *nicht* gleichgültig kann es ihm sein, daß das Totum der Kulturproduktion selbst dabei verarmt, daß Möglichkeiten ersticken und Talent vergeht. Und da male ich Ihnen nun keine bloße Schauervision an die Wand, sondern ein Faktum: ich könnte Ihnen Namen nennen, sehr bekannte Namen, Leute von hohem Talent, die dem Druck der Lebensentbehrung einfach nicht mehr standhalten um den Preis der Durchsetzung ihrer Produktion – die resignieren und sich als gesicherte Angestellte an die Medien verkaufen. Das ist dann buchstäblich das Ende: Kunstwerke, meine Damen und Herren, kann man nicht mehr nach Feierabend machen. Müßte das interessieren, die Kleinheit dieses notgedrungenen Schritts zu dem Entschluß, der Gesellschaft der Kulturverbraucher die Kulturproduktion einfach aufzukündigen? Ich wünschte uns, Sie möchten erkennen, daß es ein Schritt vom Erhabenen zum ganz und gar nicht Lächerlichen ist.

Tschto djelatj – Was tun? Ich bin mir natürlich bewußt, daß schon das Zitat dieser Frage die Regierungsräte beunruhigt: – habe ich was Revolutionäres vor? Eigentlich gar nicht – zumal ja jetzt im Herbst sowieso alles besser wird, habe ich doch grad an Tisch' und Wänden gelesen, daß mir dann Freiheit ins Haus steht und Sicherheit und daß schon jetzt vieles bei uns beispielhaft ist. Vieles ja; wer kümmert sich um den kümmerlichen Rest? Ich habe da einmal von einem Warenhersteller den Rat bekommen, und sogar unberechnet, wir sollten doch Aktien ausgeben, unsere

Leser an Risiko und Gewinn unserer Projekte beteiligen. Ein schöner Gedanke; nur fürchte ich, da hörte man im Börsenverein dann auch nur permanent rufen: »Simmel gut beachtet! – Knef wieder angezogen!« – und wie die Cherusker und Etrusker der Branche alle heißen. Es geht nicht; höchstens würde die Talfahrt etwas lustiger, weil so viele Leute an unserm Verlust beteiligt wären, und die allgemeine Kunst- und Kulturbaisse ginge ein bißchen deutlicher und allgemeiner ins Auge. Was tun? Auf Mäzene hoffen? Man könnte die Produktenbarone, die vermutlich doch über die Hemdenperspektive hinaus ruhmbedürftig sind, ja einmal an die Ewigkeit erinnern, an das bißchen jedenfalls, das dieser Planet noch vor sich hat und das zu durchdauern die Literatur Chancen bietet: – vom Baron James Rothschild etwa ist heute kaum Bedeutenderes zu melden, als daß er sich von Heinrich Heine erweichen ließ. Ich gebe, ernsteshalber, mein Konto an: Bayerische Vereinsbank 3735591; ich werde gern alle, die meine nächste Arbeit finanzieren helfen, per Dankadresse in diese nächste Arbeit aufnehmen. Was tun? Spaßeshalber denke ich rasch noch einmal an die Gesellschaft; aber die entfällt: sie kann, was getan werden muß, mit Recht nur erleiden. Bliebe ihre Repräsentanz, der Staat. Und da will ich denn, ganz submissest, immerhin die Gelegenheit ergreifen und den Herrn Bundeskanzler Schmidt, der mich zurzeit regiert (und gern auch weiter regieren möge), ersuchen, sich doch einmal Gedanken machen zu lassen, welche Möglichkeiten, beispielhaft zu werden, in unserm Fall noch offen sind. Ein Blick nach links oben, nach Holland, könnte Gesichtspunkte erschließen: es gibt da ein Modell. Käme am Ende vielleicht gar eine Art Prytaneion dabei heraus? Es wäre nicht auszudenken. Ich erinnere mich noch, wie kürzlich mein Freund Siegfried Unseld bei Tafel erzählte, daß Brecht seinerzeit bereit gewesen wäre, seine gesamten Rechte gegen eine lebenslange Rente wegzugeben, und wie sich der Erzähler darob über die Maßen verwunderte: – daß bei solchen Wünschen nicht mehr allgemein gelacht werde, kann ich vielleicht hier schon erreichen. Was weiter? Man könnte, ganz allgemein, für eine Freiwillige Selbstkontrolle der Literatur-Verlage plädieren, für Einschränkung der Buchproduktion überhaupt, fürs wohlbekannte Maßhalten. Denn die Taschenbuchflut hat für die Literatur ja längst zu Ramsch und Ausverkauf geführt, auf Kosten der Autoren, und was da breit wird und nicht stark, ist allemal gepeitschter Quark. Den Kunstwerken werden bloß Leser abgezogen; die Lesekapazität, die ja ›endlich‹ ist wie sogar der Kosmos, wird sozusagen verzettelt; die Anforderung ans einzelne Werk, sich durchzusetzen, ist weiter erhöht. Und da es, dem Geschmack der Nation zufolge (ja, ich sage mal kühn und millionen-umschlingend: der Menschheit), so ist, daß Durchsetzungseignung und Qualität eines Buchs sich geradezu indirekt-proportional verhalten, liegen die Folgen auf der Hand. Aber natürlich ist auch diese Vor-Lösung einer bewußten Geburtenregelung der Buchprodukte absurd und mißlich, da dann, dem Geschmack unserer Verleger und ihrem echtesten Anliegen zufolge, eher doch wieder die Konzeption von Goethes ›Pandora‹ verhütet würde als die der Werke von Ali dem Faustkämpfer. In diesen geistfernen Zeiten – ließe sich kämpfen? Per Streik vielleicht, riet mir einmal ein Rechtsanwalt, – aber gegen wen? Gegen die Windmühlenflügel, den Staat, die Gesellschaft? Sie merken es gar nicht, es sei denn, wir hätten sämtliche Medien auf unserer Seite. Die Medien selbst, um sie mehr, viel mehr auf unsere Seite zu bekommen? Auch wenig aussichtsreich: der Bayerische Rundfunk könnte, wenn ich nur halb ein Kenner bin, jede entstehende Sendelücke mit Beliebten Melodien stopfen (wehe! – wo auf dem Erdkreis gibt es noch einmal so ein III. Programm!), ja, und das Fernsehen vermittelt *mir* immer den Eindruck, als seien die Dichter und Denker ohnehin seit Jahr und Tag im Streik. Blieben: die Verleger, die Mittler zwischen Uns und der Welt. Ich sehe sie gütig lächeln – so gut könnten sie's aushalten: da hätten sie immer noch die unbegrenzten Möglichkeiten von Amerika – und unser Kontinent, das alte, ist sowieso nicht so lukrativ; höchstens die Übersetzer hätten mehr Arbeit, und wenn die auch mit streikten, würden halt einfach die schon enteigneten Autoren nachgedruckt: – es hat keinen Zweck. Wer könnte was tun? Doch – und doch – die Verleger. Sicher, es sind eigenartige Leute, schwierige Leute, und unter der rauhen Schale schlägt oft ein Herz von

Granit. Sie müssen ja von Berufs wegen zwei Seelen haben, Janusgesichter, deren eines Auge sich am Geist ergötzt, während das andere, meist das wachere, den Umsatz betrachtet. Sie sind auch in der Regel unvergleichlich viel wohlhabender als wir (und wenn sie's nicht sind, dann kaum aus Idealismus, sondern aus Dusseligkeit); sie genieren sich dessen sogar gelegentlich: – mit welcher Rührung habe ich nicht unlängst in einem Brief meines Freundes Ledig-Rowohlt gelesen, daß er sich nun am Genfer See »ein Häuschen erobert« habe! Aber warum sollten grad wir ihnen das vorwerfen –, wir brauchen sie ja wie niemanden sonst, sie und ihre Eroberungsgeschicklichkeit; und soviel Geduld wir auch immer wieder mit ihnen haben müssen (wie von selbst fällt dem Joyce-Übersetzer da der Vorgang zwischen Sankt Patrick und der Kröte ein), so mühsam es ist, sie zu begeistern und zugleich zu entgelden, – sie sind ja doch die nächsten Nächsten, die wir haben, und irgendwie könnten wir sie deshalb auch ruhig ein bißchen mehr lieben. Aber sie uns auch. Denn es geht nur gemeinsam: wir müssen uns mit Unsern Freunden den Verlegern, mit allen, die noch mit Literatur zu schaffen haben wollen und nicht nur mit bloßen Drucksachen, an einen Tisch setzen und ihnen gemeinsam eine Grunderkenntnis in die Köpfe bringen. Sie lautet: Das Autorenhonorar hat in der Kalkulation einen neuen Stellenwert zu bekommen – es betrage nicht mehr 10%, sondern 30%. Sicher, sie werden zuerst aufschreien, die Verleger, und um Ausdrücke des Grauens nicht verlegen sein; wir fühlen gern mit ihnen, wie sie ja auch jederzeit mit uns. Aber wenn sich das gelegt hat und sie wieder in der Verfassung sind, Mark- und Marktberechnungen durchzuführen, sieht die Sache gleich anders aus. Nämlich so: die Buchpreise werden sich (vorerst) etwa verdoppeln; die Auflagen werden kleiner werden, aber ertragreicher; die Buchproduktion wird schrumpfen, – lauter Schöne Aussichten. Die Tendenz dazu ist ja überall, wenn auch feig oder ohnmächtig, schon da: die Paperbacks etwa sind ja bloß verteuerte Taschenbücher, und bei der Wissenschaftsliteratur, wo der Urhebereinsatz in der Praxis schon 30% beträgt (und nicht nur bei Editionen und Lexika), ist vieles beispielhaft. Schauen wir auch zum Kunstmarkt hinüber: wie wird denn

Graphik kalkuliert? Etwa auch Druck + Papier mal 5 – und 10% für den Schöpfer? Die müßten wir allein schon für die Bedienung kriegen. Nein, werden wir so elitär, wie man's uns nachsagt, und sehen wir gelassen der Möglichkeit ins Auge, daß uns Leute als Preistreiber verschreien, die allesamt mehr verdienen als wir. Denn ›die Gesellschaft‹ wird natürlich (zuerst) auch mit aufschreien: Was, so ein Buch, an dem der Hungerleider da bloß ein Jahr gearbeitet hat, soll mehr kosten als ein Hotelfrühstück? Ich habe mich schon über sie geäußert. Und ich sage es gleich: mein Buch ›Herzgewächse‹, von dem in der Presse schon die Rede war, wird sie, die Gesellschaft, den Preis eines billigen Staubsaugers kosten (und trotzdem länger halten als der) – oder sie wird's überhaupt nie zu sehen bekommen. Ihr nicht die Kultur, aber den *Besitz* der Kultur ein bißchen zu erschweren: – ich schlage es nicht aus Bosheit vor und auch gar nicht aus Rachsucht; halte es nur für das letzte noch mögliche Experiment, um den barbarischen Bedingungen, unter denen Künstler – von allem Sozialfortschritt unberührt – immer noch arbeiten müssen, wenigstens einen kleinen Schritt weit zu entkommen. Das sei selber unsozial, treffe die Kleinen, die Armen? Nicht doch: wer *lesen* will, betrete unsere herrlich bestückten Bibliotheken, wo es, notfalls über den auswärtigen Leihverkehr, schlechthin *alles* gibt und gratis (und die dann, dem Börsenverein zum Trotz, endlich auch vollen Buchhandelsrabatt zu bekommen hätten; das brauchten die Verleger bloß gemeinsam zu beschließen: factum est); wer *kaufen* will, der zahle. Wir wollen hier abbrechen, denn das alles ist Sache einer Expertise, und wenn wir jetzt anfingen, den Teufel im Detail zu suchen, wo er natürlich drinsteckt, so würde es Nacht darüber. Nur eins möchte ich zum Schluß noch sagen – und etwas lauter, damit es *alle* Verleger hören: Machen Sie sich, gefälligst, ein paar Gedanken – lassen Sie sich mit uns etwas einfallen, bevor die letzten Dichter und Denker in die Industrie gegangen sind, – Sie könnten sonst eines Tages erschrecken müssen vor dem Zeug, das Ihnen dann zu drucken nur noch übrig bleibt.

Ich habe – in diesen geistfernen Zeiten – vom Geld gesprochen, und vielleicht stimmen Sie mir zu, daß es nicht unbegründet war. Aber nun möchte ich Ihnen, meine Damen und Herren, die Sie mir so geduldig zugehört haben, am Schluß doch in Erinnerung rufen, worin es *auch* begründet war: es umschrieb eine Misere – aber es umschrieb zugleich, was mir durch Sie zuteil geworden ist und wofür ich Ihnen herzlich danke. Sie haben mir mehrere Monate freier Arbeitszeit verliehen. Es ist das Wichtigste, was ich brauche.

II.

Alle Jahre wieder

Scherzo
Kleine Nachrede
an die Nation
nebst vorläufiger
Schlußkadenz

Man muß von Zeit zu Zeit nachschauen, wie's weitergeht, – und so auf die Jahrtausende gerechnet geht's auf Erden ja auch wirklich weiter: – wir wollen den Fortschritt nicht leugnen. Nun hatte sich, vor schon einiger Jahresfrist, aber aus einem Anlaß, der mehr in den Umkreis des Wirtschafts-Ressorts fiel und darum auf stärkere Aufmerksamkeit rechnen durfte, dem einer Preisverleihung nämlich, die Gelegenheit gebildet, einmal öffentlich auf die ökonomische Lage der Literaturschreiber und -übersetzer hinzuweisen, und die Medien griffen den geschilderten Mißstand damals mit einer Teilnahme auf, die sonst nur ernsten Problemen vorbehalten ist und zu der Deutung verleitete, daß er ihnen bislang entgangen sein müsse. Es war das, gegenüber einem sehr alten Thema, zumindest neu: – war es der Anfang auch einer neuen Lage?

Der geschilderte Mißstand: Bei den Übersetzern nur für einen geringen Teil Vollbeschäftigung; für die Vollbeschäftigten, bei 40-Stunden-Wochen, ein Einkünfte-Ertrag von rund 1200 Mark brutto im Monat; keinerlei Sicherungen, bei Krankheit so wenig wie im Alter, ganz zu schweigen vom Tod – (was macht die Familie, wenn der Ernährer in die Ewigkeit verzieht? Gar keine hergeholte Floskel: gehen doch manche – selbst von ihnen, den bloßen Dolmetschern der Literatur – tatsächlich in die relative Ewigkeit ein, indem von ihnen noch nach 100 und mehr Jahren die Rede ist und Gewinn bezogen wird, sogar materieller: wir wollen rasch eine Gedenkminute für Voß einlegen, für Schlegel-Tieck, auch Regis, den Großen; die Namenliste ließe sich sehr lang machen). Schlimmer noch bei den Schriftstellern selbst (und es ist hier die Rede von den Literatur-Erdenkern, nicht von den einjahrsflüggen Machern der Bestseller, die, entgegen dem öffentlichen Anschein, tief unter die 5%-Klausel fallen und überhaupt besser zur Sparte Drucksachenindustrie zu rechnen wären): beim Optimum eines Honorars von 10% vom Ladenpreis kann sich jeder ausrechnen, welchen Ertrag ein Buch bringt, das aufgrund seiner Ansprüche Jahre braucht, sich auch nur 10.000 Teilnehmer zu erwerben: – der Literatur-Leser, der die Preise beklagt, möge, um von liebgewonnenen Gedankenlosigkeiten abzukommen, sich ruhig einmal dem elitären Bewußtsein hingeben, daß er bei einem solchen Buch, unter 100 Millionen Deutsch-Lesefähigen, zu einer Zehntel-Promille-Minderheit gehört. Und darüber wäre nun leicht eine hieb- und stichfeste Statistik beizubringen: wie viele Bücher sich für ihre Verfasser wirklich ›tragen‹, d.h. auch nur das Existenzminimum der Produktionszeit wieder hereinbringen: – kein Beschäftigungszweig arbeitet mit solchen Unterbilanzen. Die Konkurse sind denn auch häufig: zwar erscheinen sie nicht im Aushang der Amtsgerichte, sind aber doch, auch mit unbebrilltem Auge, öffentlich zu erkennen: wenn nämlich von Leuten, von denen einmal Gutes erschien und vieles Gute erscheinen könnte, immer weniger erscheint, zuletzt gar überhaupt nichts mehr. Ein Ärgernis, sicher – aber mit Sicherheit auch ein Öffentliches Ärgernis?

Ein sehr altes zumindest –, und wie es so ist, wenn Mißstände in Historizität eingebettet sind: sie sind nur schwer noch als unharmonisch zu erkennen, genießen vielmehr schon so etwas wie Denkmalsschutz – in diesem Fall durch eine Gesinnung, die »Künstler« und »Hungerleider« mühelos unter einer Vorstellung vereinigt. Sie kann sich dabei auch auf eine ganze Phalanx berühmter Belege berufen und würde dem überlieferten Verleger- und also Kennerwort »Darben Sie nur recht fleißig, Meister, dann wird das Große Werk schon kommen!« ohne weiteres zustimmen; ja, sie wird, wenn einmal eine Ausnahme dieser Regel auftaucht, ganz ungekünstelt ratlos und erörtert noch nach 100 Jahren Wagners »schlechten Charakter«, weil es dem – ewig denkwürdiger Einzelfall! – tatsächlich gelungen war, sein Werk auf Kosten von Bünden und Ländern zuwege zu bringen – (die Alternative wäre vielleicht das Nichtvorhandensein von ›Ring‹ und ›Parsifal‹ mit dafür makellosem persönlichen Angedenken: kein Zweifel, daß ihr im bürgerlichen Zweifelsfall der Vorzug gegeben würde). Alles nicht grundlos: denn tatsächlich ist ja, auch bei unwahrscheinlichstem Darben, immer und immer wieder doch das Große Werk »gekommen«: – die Frage bleibt nur offen, ob nicht bei Wegfall der Hungersnöte noch weit mehr große Werke zustande gebracht worden wären, der

Menschheit zur Freude und dem Zeitalter zum Ruhm. Denn ganz so reich ist die Kulturgeschichte ja auch wieder nicht, daß sie nicht ohne weiteres noch reicher sein könnte –: man sehe sich ruhig einmal um –

– und lasse sich auffallen, daß ›wir‹ uns, so vergleichsweise, auf unsere »Kulturproduktion« eigentlich gar nichts einzubilden brauchen. Selbst wenn man bestimmte Gebiete, wie etwa die Architektur, ganz preisgibt und der Zuständigkeit der psychiatrischen Weltdeutung überläßt, steht man vor einem wenig eindrucksvollen Bild: kaum je noch Große Bücher; bei den Malern vorwiegend reminiszentes Gestümper, wo nicht Klamauk und Kinderei; in der Musik das schlechthin Reine Nichts: – das sagt, so ungescheut pauschal, einer, der sich zwar nicht den unbedingten Hang zur Schöneren Vergangenheit leistet, sie aber doch so weit am Schnürchen hat, daß er, um Vergleiche anzustellen (mit den goldenen zwanziger Jahren etwa), nicht erst mühsam nachschlagen muß. Woran liegt's? Es wäre ja, als Spiegel der Welt, in der wir leben, so gänzlich sinnlos nicht, vielmehr nur logisch, sachgerecht, natürlich; aber der Konnex zwischen den Künstlern und der sie umalbernden Gesellschaft ist ganz so direkt nun auch wieder nicht, wie die Soziologie es möchte, die selber viel eher Produkt und Abbild dessen wäre, was sie beschreibt; das bringt nicht weiter. Woran denn aber liegt's? An allgemeinem Talentschwund etwa, – müßte man ihn annehmen, um das allgemeine, vor sich hinfaselnde Defizit zu erklären?

Erklärungen gäbe es viele; wir wollen sie hier nicht alle durchprobieren. Und uns nur kurz jenem sozio-ökonomischen Ansatz zuwenden, der nach heutiger Gesellschafts-theorie schlechthin Alles erklärt –: könnte es am Ende daran liegen, daß der Kontrast des Künstlerlebens zum rings umgeben-den Wohlstand einfach unerträglich geworden ist (anders: daß den Künstlern ihre traditionsreiche Lage nicht mehr im Verbund einer allgemeinen Mitmenschenarmut erträglich ist, aus der sich nur ein paar wenige herauszuhalten verstünden, die aber zum Vorbild nicht taugten?)? So unerträglich, daß kaum einer sich dieser Existenzform noch auszuliefern wagt, sondern lieber sein anfangendes Talent gleich an die Werbegraphik überschreibt, an die 24-Stunden-wöchige Musiklehrerei oder ans Aktualitäten-Feature und andere anständige, ihren Mann samt seiner Familie wenigstens nährende Berufe? Denn daß die Abnahme der Kulturkreativität mit einem Qualitätszuwachs des Kulturbetriebs einhergegangen ist, kann ja zugestanden werden: – es bleibt nur unsicher, ob man da einen guten Tausch gemacht hat. ›Man‹ – das wäre denn an diesem Punkt doch auch ›die Gesellschaft‹ (denn wir Andern freuen uns des Kulturbetriebs viel weniger, als er selber annimmt, sind vielmehr eher geneigt, ihn im Zusammenhang jener hypertrophierten Lebensverwaltung zu sehen, unter der das Verwaltete immer mehr in akute Erstickungsgefahr gerät): müßte sie, die Gesellschaft, sich die beschriebene Lage etwas angehen lassen? Die Frage ist von einigen Dimensionen: denn einerseits nimmt sie Die Kultur ja fraglos für sich in Anspruch, führt sie im Munde, fühlt sich mit ihr im Bunde, und würde die Aufforderung, etwa die »Dichter und Denker« aus ihrem völkischen Selbstverständnis zu streichen, empört von sich weisen; andererseits aber erfreut sie sich eines, auf die Ebene des Literaturlesens bezogen, höchstprozentigen Analphabetentums (gegen das ich sonst gar kein böses Wort habe, enthält es doch mit Sicherheit eine unverächtliche Glücksgarantie): sie nimmt nicht teil am Dichten und Denken und schaltet, wenn es gelegentlich doch einmal in ihre ureigenste Sphäre eindringt, ins Fernsehen etwa, in Gestalt eines Kleist-Stücks etwa, eher nur aus Versehen noch 5 % ihrer Geräte ein: – alles ganz recht; es ist nun einmal auf Erden nicht anders. Nur: kann man ihr unter diesen Umständen Teilnahme abverlangen, gar Opfer für das Nicht-Eingeschaltete, – mit gröberen Worten: sollen etwa die Mäuse bezahlen, was eh für die Katz ist?

Ich würde, alles reiflich erwogen, doch sagen: ja. Denn ununtersucht gelassen, ob sich der Aufwand lohnt, geht die Gesellschaft in der Praxis doch von der immergrünen Hypothese aus, daß sie denkerisch und dichterisch belehrbar sei; sie leistet sich einen riesigen pädagogischen Apparat von Schulen und Hochschulen, um sich das Denken und Dichten erklären zu lassen, und bringt auf diese Art auch immer neue Generationen – nun, zwar nicht von Dichtern und Denkern, aber von Erklärern des Dichtens und Denkens hervor –: ist es da nicht eine einfache logische Fehlschaltung, daß von den klotzigen Summen, die jährlich ins Kulturgebäude getragen werden, so gar nichts bis in den Keller gelangt, in die Basis, zu den Kulturproduzenten selbst? Klotzige Summen: die sind sogar auch außerhalb der Kulturverwaltung vorhanden; man sieht sie manchmal staunend fließen, ja strömen, in Forschungsprojekte, die Kulturleistungen insofern zum Verwechseln ähnlich sehen, als diese ihren Gegenstand bilden – (Näheres weiß ich hier einstweilen einmal nicht; aber wenn sich nichts ändert, bin ich imstande, nachzuschauen: da würden der Öffentlichkeit wahrscheinlich die Augen übergehen). Es gibt überhaupt viel flüssiges Geld, und vielleicht stammt die Ratlosigkeit der zuständigen Kulturbehörden gegenüber unseren Klagen einfach daher, daß sie ja wirklich dauernd zahlen, Hunderttausende, irgendwohin – und nicht nur in die Filmindustrie, bei der die Preise ähnlich treffsicher fallen wie in Stockholm bei der Literatur. Sogar der Bundesverband Deutscher Gewichtheber (es gibt ihn tatsächlich, und er hat, wie es sich gehört, einen Präsidenten, der ihn artikuliert) hofft auf staatliche Zuschüsse, weil er, mir irgendwie erstaunlich, vor leeren Rängen hebt –: er wird sie sicher bekommen, ich bin da ganz zuversichtlich; es ist genug da. Könnte auch uns das Argument nützen? Wir arbeiten schließlich vor noch leereren Rängen – und können, wenn wir etwa öffentlich lesen vor unserem Publikum, oft nicht einmal Eintritt nehmen, weil sonst keiner käme: – das ist mir ein echtes Rätsel: warum man mir für einen Auftritt nicht das gleiche (oder wenigstens halbe) Honorar zugesteht wie etwa einem Schauspieler oder Pianisten, der einen Abend gibt – und nicht einmal mit eigenen Werken; beiden das Wasser zu reichen, würde ich mich notfalls fast anheischig machen mögen.

Damals, vor einiger Jahresfrist, waren unter den Erwägungen, mit denen die Absurdität der Lage eingekreist wurde, vor allem solche der Selbsthilfe oder Selbstregulierung (etwa eine allgemeine drastische Preiserhöhung für Literaturbücher, verbunden mit einer noch drastischeren Erhöhung der Autorenprozente), und nur am Rande hatte ich, gebührend devotissime, die Anregung an den Herrn Bundeskanzler Schmidt höchstselbst mit einfließen lassen, sich doch einmal Gedanken zu machen, welche Maßnahmen der Gesellschaft zur Beförderung der Kulturproduktion zugemutet werden könnten. Eine Zumutung bleibt es ja, da die Ambivalenz, mit der die hiesige Menschheit ihren Künstlern und Antipoden gegenübersteht, keine nur vorübergehende, gegenwärtig besonders grelle Erscheinung ist, sondern über eine ebenso reiche Tradition wie Zukunftsaussicht gebietet; aber bedacht werden könnte, daß dem Staat zuweilen auch eine Erziehungsfunktion zufällt und daß, was er da macht, nicht unbedingt mit dem Mehrheitsapplaus seiner Kinder, seiner Köpfe wie Kindsköpfe, vor sich gehen muß: – über ihr Wohl und Wehe läßt man die Menschheit am besten nicht direkt abstimmen, weil sie davon zurzeit noch nicht genug versteht. Was also wäre zu tun? Er ist, der Herr Bundeskanzler, der Anregung bislang offenbar noch nicht gefolgt; so etwas dauert ja, und ich will ihn nicht drängeln (auch hat er, im Ernst, nun wirklich ernstere Probleme, deren Lösung desto eher zu erhoffen ist, je weniger sie ihm Zeit für anderes lassen). Aber das Ganze läuft am Ende auf eins seiner Probleme hinaus, und wenn er's nicht selber zu bearbeiten Muße hat, findet sich vielleicht irgendwo ein Staatssekretär oder sonst ein beamteter Denker, der genügend müßig geht. Eine gewisse Zuständigkeit könnte bei den Kultusministerien vermutet werden: – ich weiß nicht, wie es da steht, bin zwar schon gelegentlich in ihren Baulichkeiten gewesen, aber meist schnell wieder hinausgegangen; auch muß man würdigen, daß sie mit der Verwaltung der Kulturverwalter an sich voll ausgelastet sind und da zu Leistungen gelangen, denen man den Charakter eines Übersolls nicht absprechen darf. Das ›Wo‹ der fälligen Reformation bleibe also dahingestellt; schlagen wir zum ›Wie‹ dafür einstweilen ein paar weitere Thesen an.

Und da wäre denn einmal das leuchtende Beispiel des Staates Irland, der sämtlichen Künstlern, den in- wie den ausländischen, Freiheit von allen direkten Steuern gewährt. Das ist nun sicher eine Großtat, der Anerkennung wie der Hilfe, und erwärmen könnte man sich schon bei dem Gedanken, daß einem da die sauren Tage, die man jährlich über seiner Steuererklärung zubringt, erspart blieben und – wichtiger noch – die wiederholten Lektüren der Finanzamts-Prosa, deren Eigenart Stilisten gegenüber eine unnötige Rohheit darstellt. Aber dergleichen Befreiung wäre zuletzt doch wenig wirksam, da wir erst einmal etwas Ausreichendes haben müßten, um durch Wegfall der darauf entfallenden Steuern mehr zu haben: – die Vision von einem allgemeinen Exodus der Künste ins grüne Erin wird sich also mit Sicherheit nicht erfüllen, und so können wir auch gleich darauf verzichten, uns auszumalen, wie wenig schreckend sie fürs hinterbliebene Vaterland wäre.

Aber die Nachahmung muß wohl auch noch an einem anderen Bedenken scheitern. Denn Steuerbefreiung wäre eine Privilegierung, und beiseite gelassen, ob sich in unserem Gemeinwesen Präzedenzfälle dafür beibringen ließen, muß dergleichen doch aus reinen Red- und Rechtlichkeitserwägungen abgelehnt werden, ja die Nation müßte sich erst noch gehörig die Köpfe waschen, ehe sie befugt wäre, sich selber mit solchen Ausnahmehandlungen zu ehren; zurzeit wären sie durch die erforderliche Gesinnung nicht gedeckt. Sie möge sich stattdessen erinnern lassen, daß all diese Überlegungen gar nicht in der Haltung des Bittstellers vorgetragen werden, der sich etwa an die öffentliche Fürsorge wendet: vielmehr geht es schlicht um die Advokatur eines Rechtsanspruchs, und daß die beklagte Partei selber die Jurisdiktion aufgebürdet bekommt, ist nichts anderes als der Ausdruck eines Rechtsvertrauens, das gerade dadurch, daß es unrealistisch ist, nur dem verhandelten Gegenstand gerecht wird. Hauptgesichtspunkt der Verhandlung müßte das zurzeit geltende Urhebergesetz sein: es erkennt die Frucht- und Dornenstücke eines Dichter- und Denkerlebens nur vorübergehend als Privateigentum an; ist der Urheber 70 Jahre tot, so werden sie hindernislos »gemeinfrei«, »volkseigen«, »vergesellschaftet« oder wie immer man das nennen mag, den Urhebern jedenfalls expropriiert: jeder kann damit machen, was er will (und sogar der Verstümmelung und Verhunzung sind keine Rechtsgrenzen gesetzt; die gibt es auf Erden, wie manches, nur in Schweden). Und es läßt sich noch viel, sehr viel dann damit machen, wie allerhand Figuren zeigen: da man die Lebensdauer der Kunstwerke gefahrlos nach Jahrhunderten rechnen kann (von Autoren, die schon Jahrtausende geschafft haben, wie Jesaja oder Homer, einmal zu schweigen), ist's kein geringes Geschenk, das die Urhebergesetzgebung der Nation da macht – auf Kosten der Urheber und durchaus gegen ihren ersten wie letzten Willen. Denn dafür würde ich mich doch verbindlich machen, in jeder Fülle Zitatbelege beizubringen: wie wenig es den Intentionen unserer altvordern Dichter und Denker entsprochen hat, ihre Arbeiten einmal dem Volk, das sie zeitlebens hungern ließ, zu ›schenken‹: – es ist, wir wollen das gebührend gröblich sagen, ein Gewalt- und Unrechtsakt, was da mit ihnen geschieht; ein grotesk vereinzelter Vorhall jener Zukunftsmusik, die der Soziotheoretiker Servan-Schreiber vor Jahren zu dem Vorschlag auskomponierte, das Problem der Verstaatlichung der Produktionsmittel doch einfach durch Beschränkung ihrer Vererbbarkeit zu lösen. Einstweilen sind die Kunstwerke die einzigen Besitztümer, bei denen das geschieht: – vielleicht können sich wenigstens unsere konservativen Parteien gelegentlich einmal darüber entrüsten.

Die Frage nach Geldquellen zur Nährung und Förderung der Künste stieße also zuerst und vor allem auf diese Möglichkeit: Revision des Urhebergesetzes; Ausdehnung des Schutzes auf die endliche, aber unbegrenzte Dauer der Planetenexistenz; Anlage eines Fonds aus den Erträgen der gesamten Literaturgeschichte, aus denen allen lebenden Literaturproduzenten (ich übernehme die Vokabel nur mit gesträubtem Haar, aber mag es sein) ihr Auskommen bezahlt werden könnte – kein opulentes Gehalt, sondern nur die existenzminimale Lebensfristung, sie aber garantiert, und zwar gesetzlich garantiert. Denn wem sollte, was sie, die Literaturgeschichte, materiell erbringt, wohl eher zugute kommen als denen, die sie fortsetzen, – wem hat sie gesammelt? Alle praktischen Durchführungsfragen – Beseitigung des Rechtsbedenkens gegen die (natürlich unabdingbare) Rückwirksamkeit; Festlegung einer Übergangsmarke von den leiblichen zu den geistigen Erben (ich meine ja, daß schon die Enkel ruhig leer ausgehen dürften – und Unversippte und -verschwägerte ohnehin und generell); die Bedingungen schließlich für die Zulassung (Hauptberuflichkeit des Schreibens; eine maximale Einkommensgrenze usw.), – das alles sind vergleichsweise Adiaphora, Minutien und Quisquilien; sie machen Schwierigkeiten, sicher, sind aber zu schaffen; auf anderen Gebieten ist das auch gelungen. Wie man denn auch mit dem Einwand der Mißbrauchsgefahren nicht vorschnell sein sollte: der Segen würde Gerechte und Ungerechte treffen, das ist wahr; aber das muß verkraftet werden, und wenn wir anfingen, die Leistungseffektivität aller jener, die sonst aus öffentlichen Töpfen essen, im einzelnen zu untersuchen, gäb's eine weit größere Überraschung, als von den Schreibenden zu erwarten wäre. Wenn dem Gesetzgeber bange würde (er fürchtet allerdings sonst ja nur Gott und sonst niemand auf der Welt), so könnte er gern auch einen Psychologen beiziehen: der würde ihm rasch erklären, daß und warum er nicht zu befürchten hätte, daß Künstler, die materiell sorgenlos wären, untätig würden oder faul: es ist sozusagen per Definition ausgeschlossen.

Aber das sind natürlich weitgespannte Perspektiven, und die Erfahrung lehrt, wie langwierig die Durchbringung eines neuen Urhebergesetzes gegen das allgemein gültige Trägheitsgesetz wäre; juristische Reformen springen zudem selten über den Schatten derer, die sie machen, und wenn am Ende noch der Finanzminister mit-macht – nein, dann lieber nicht, dann lassen wir alles beim alten und die Misere unreformiert; wer weiß, was sonst herauskommt. Bestehen bliebe aber auch dann die Überlegung, ob es nicht einfach nur rechtens wäre, den Künstlern ein Prytaneion zu errichten – aus anderen Ressourcen dann freilich: – von Wiedergutmachung oder Dank für vergangene Beutezeiten wollen wir da gar nicht reden; aber vielleicht einfach von der Anwendung einiger geläufiger Wirtschaftsprinzipien auf das Kulturwachstum? Investition à conto höheren Ertrags? Investition à conto auch späteren materiellen Ertrags, wenn das Erarbeitete dann ins Beutestadium tritt? Das christliche Rentenprinzip »Einer trage des Anderen Last«, das so mancher Exegesen fähig ist, ließe sich gut auch einmal so fassen: Eine Generation bezahle den Gewinn der übernächsten. Da freilich überzieht sich das Firmament mit trüben Aussichten: denn eine Menschheit, die sich mutig dazu durchringt, nach sich die Sintflut kommen zu lassen (und sie strebt da auch wohl keiner Utopie zu), eine solche Menschheit mit irgendeiner ferneren Zukunft rechnen zu lassen, ist eigentlich unstatthaft, und wenn sie solchen Argumenten unwirsch abwinkt, so handelt sie ebenso logisch wie berechtigt: – wenden wir uns davon fort –

– und lieber rasch noch der Frage zu, aus welchen Ressourcen denn die nötigen Gelder kommen könnten: Aus welchen könnten sie kommen? Aus denen der Steuerausbeute natürlich: – wie wär's mit einem ›Kulturgroschen‹ pro Monat und Kopf der Bevölkerung? Oder – daß kein Unschuldiger zu Schaden komme (man bürdet die Schnapssteuer ja mit Fug auch nur den Trinkern auf) – mit einer ›Büchersteuer‹? Technisch ließe sich das am besten durch Erhöhung der Mehrwertsteuer auf den üblichen Warensatz machen; nur müßte die Differenz, ohne schmälernde Umwege über Truppenübungsplätze, dann auch direkt in den bewußten Fonds geleitet werden, damit sie von dort ihre segensreiche Wirkung entfalte... Andere Möglichkeiten: vielleicht die Funkanstalten mit einem Zehnten zum nämlichen Zweck zu belegen? Sie sollten, als Kulturträger, jedenfalls auch ein bißchen am Tragen beteiligt werden – und vielleicht könnte man sie bei der Gelegenheit gleich auch einer allgemeinen Reformation unterziehen: ausschließliche Beschränkung auf Kunst und Wissenschaft (und meinethalben Politik); mehr, viel mehr Sendezeit dementsprechend – auf Kosten der Jodelindustrie (die sich in einem III. Programm auslassen könnte, speziell für Friseure und Kneipiers); Abtrennung vom Selbstverständnis des Fernsehens, das sich dafür ausschließlich der Volksbelustigung widmen möge: – es gäbe der Möglichkeiten viele. Doch davon ein andermal; hier habe es, auch um den Reiz des Utopischen nicht durch nähere Ausführungsbestimmungen zu stören, bei der Andeutung sein Bewenden.

Es habe überhaupt einstweilen sein Bewenden. Denn ehe wir weitersehen, wäre abzuwarten, wie die Gesellschaft mit dem Gedanken zurecht kommt, mit dem sie sich vor allem befassen müßte: ob sie sich von einem durch Förderung erreichbaren Produktionswachstum der Branche Dichten und Denken überhaupt Vorteile für ihre Lebensqualität versprechen kann. Vielleicht läßt sie sich auf ein kleines Experiment ein: Viele, sehr viele von uns dürften, wenn sie dereinst das Hungertuch werfen, ca. 10% von dem verwirklicht haben, was sie hätten verwirklichen können (weil 90% ihrer Zeit dem puren Broterwerb dienstbar sein müssen); man könnte sehen, was herauskommt, wenn man da eine kleine Wachstumsrate ermöglicht. Freilich mehren sich die Anzeichen, daß die Gesellschaft, unser weitgehend unfreiwilliger Gesellschafter, wegen unüberwindlicher Abneigung nun gar nichts mehr mit der Kunst zu tun haben will –: nun gut, dann wollen wir uns scheiden lassen; aber ich hoffe, wir kommen dann, grad dann auch in den Genuß des gerühmten neuen Scheidungsrechts und einer entsprechenden Versorgung: wir müssen unsere Musenkinder ja allein aufziehen, und das soll uns der Zustand, der Große Ganze, der sie (oder etwa nicht?) erzeugt hat und notwendig gemacht, jedenfalls bezahlen. Warten wir das aber einstweilen ab; vielleicht kommt es anders und besser.

Warten kann, einstweilen, auch noch das Problem, wer denn dann mit der nötigen Gedankenarbeit zu betrauen wäre. Das Familienministerium läge nahe; auch mit ›Gesundheit‹ hat die Sache irgendwie zu tun. Ich neige aber im Moment mehr zum Verteidigungsministerium, das ja, wenn ich recht verstehe, mit der Bewahrung der Abendländischen Kultur sozusagen en gros befaßt ist – : es wäre vielleicht auf die Weiterungen hinzuweisen, die sich für das Andenken Unserer Zeit ergeben, wenn durch den Einsatz der Neutronenbombe nun damit gerechnet werden darf, daß erstmals auch die Kunstwerke voll erhalten bleiben – d.h. aber eben doch in jener vollen derzeitigen Dürftigkeit, die dann nicht mehr mit der Illusion verbunden ist, das Bessere sei leider wegverteidigt worden – : möchten wir so auf die Nachwelt kommen? Unter den abschreckenden Wirkungen, die dem Gerät von seinen präsumtiven Benutzern vorgerühmt werden, sollte diese jedenfalls nicht fehlen...

Genug – einstweilen; wir kommen darauf zurück. Und wollen doch eine Institution daraus machen, einen Schönen Brauch, alle Jahre wieder einmal nachzuschauen, wie's weitergeht: man muß in solchen Sachen alles dreimal sagen und öfter, und das Gras, das sonst drüber wachsen könnte, wird ohnehin knapp genug; man sollte es für ernste Skandale aufsparen. Geschehen wird ja etwas, irgendwann, und so oder so; ich erlebe es zwar nicht mehr (so oder so: leider oder hoffentlich), obwohl ich eigentlich auch noch in fünfzig Jahren nach dem Rechten und Linken zu sehen gedenke; – mein Apfelbäumchen aber will ich, so alle Jahre wieder, doch trotzdem pflanzen.

Die besten Satiren verfaßt ja fraglos das Leben selber, das oft in Händen des Staates liegt und von ihm vertreten wird; man muß da zurückstecken und neidlos die Überlegenheit des Großen Ganzen anerkennen. Da war nun diese Rede, unter anderem Titel und ein wenig gekürzt, auch in der Tageszeitung ›Die Welt‹ abgedruckt worden, und im Handumdrehen (d.h. nach der für Behörden ungewöhnlich knappen Bedenkzeit von fünf Wochen) stellte sich in der Redaktion die Antwort ein, nämlich eine Botschaft der Bundesrepublik Deutschland mit folgendem Wortlaut:

Botschaft
der Bundesrepublik Deutschland   *CH-3006 Bern, den 10.4.78*

Sehr geehrte Damen und Herren,

Wieder einmal möchten wir gerne in unserem nächsten Presse-Digest der Botschaft »herausgegriffen« einen Beitrag aus Ihrer Zeitung vom 4. März 1978 honorarfrei nachdrucken. Es handelt sich um den Artikel (Welt-Report): »Darben Sie nur recht fleißig, Meister...« von Hans Wollschläger.

Wir bitten hiermit um Ihre freundliche Genehmigung. Selbstverständlich erfolgt Quellenangabe und Sie erhalten Belegexemplare zugeschickt.

Mit Dank und freundlichen Grüßen

gez. Dr. Klaus Bloemer
Pressereferent

Ich gestehe, daß ich überwunden bin, ja überwältigt. Gegen diese Wucht des Witzes, diese Komik aus voller Kürze und Kraft komme ich mit meinen langwierigen kleinen Scherzen nicht an; ich bin an mir selber irre geworden. Der Staat hat mir als Schriftsteller mit einem einzigen Satz den Rang abgelaufen: – was kann ich jetzt noch machen? Im ersten Moment der Resignation kam mir der Gedanke, ihm einfach den naheliegenden Rollentausch vorzuschlagen: er übernehme die Satiren und ich das Regieren; aber dann habe ich eingesehen, daß ich all das, was er sich leistet, doch nicht in gleicher Qualität würde leisten können, und so blieb's bei der Antwort, daß es mit der freundlichen

Genehmigung nicht angehe. Nicht aus Ungefälligkeit, sondern aus Prinzip – und auch aus ästhetischen Gründen. Denn Rede und Antwort sind ja nun durch die Kunst der Botschaft zu einem Gebilde von derartiger Harmonie verwachsen, daß die einseitige Weiterverbreitung des von mir stammenden schwächeren Teils eine künstlerische Grausamkeit darstellen würde, die man nicht zulassen darf. Aber es ist nicht weiter schlimm. Die Bundesrepublik Deutschland, die ersichtlich bei besseren Kräften ist als ich, braucht lediglich meinen Tod abzuwarten und dann noch die paar Jahre, für die ihr Urhebergesetz mein Eigentum schützt – : dann kann sie, sogar unter Einsparung der Belegexemplare, beliebig herausgreifen und wieder einmal gerne honorarfrei nachdrucken. Die kleine Wartezeit lohnt sich bestimmt: das Thema wird auch dann noch aktuell sein.

III.

Et in aeternum

Andante lamentoso

Verlangsamte
Betrachtung
des Laufs
der Dinge

Und wieder Jahre, und alles wie eh und je; das Thema ist aktuell geblieben. Was soll man nun, wo alles doch wenigstens dreimal gesagt werden muß, beim drittenmal noch sagen? Die Freude an der Treffsicherheit der eigenen Weissagekunst ist, daß ich's nur gestehe, ein geringer Trost im Unglück – und eine weit geringere Inspirationsquelle, als jene Glücklichen meinen, denen der Atem vor schlechthin gar nichts stockt – : soll man nun immerzu so, wie gehabt, fortreden? Es ist ja, wo dies Alles derart beim Alten bleibt, so sehr viel Neues auch dagegen nicht vorzubringen; die Erde, die sich doch bewegt, eppur, tut's streng genommen auf der Stelle, und wem das aufgegangen ist, dem verhilft die ganze so beschwingte Gesellschafts-Physik nicht mehr zum nötigen Enthusiasmus. Und da einem angesichts des schweren Blechs, das die allgemeine Musik macht, das eigene Allegretto mit den Jahren auch durchaus immer schwerer fällt, läge es vollends nahe, sich auf dem Unerreichten auszuruhen und dem Weltlauf einmal mehr den Laufpaß zu geben. Man altert; in den Perspektiven kommen die ersten grauen Fäden; auch die Zukunft der Apfelbäume sieht inzwischen gar nicht mehr gut aus: – es wird bald alles rabenschwarz sein. Was wäre noch groß zu reden (»zynisch und mit Unschuld«), wo die Wirkung so winzig bleibt? Die Lage der Dichter und Denker erfreut sich einer Lebenserwartung, vor der diejenige der Dichter und Denker selbst schlichtweg kapitulieren muß, und um sich eine Vorstellung von der Geschwindigkeit des Menschenfortschritts zu bilden, hält man sich am besten wieder an die erwähnte Physik, dergemäß man, jene zu gewinnen, die dafür aufgewendete Energie durch die gesamte Masse zu teilen und dann auch noch die Wurzel draus zu ziehen hat, die möglicherweise jene allen Übels ist. Ruhe denn also, nur Ruhe; es hat nicht sollen sein; das Zifferblatt im Weltgebäude dreht sich ohne Zahl und Zeiger um sich selbst – lassen wir es kreisen. Am Ende wäre, wie oft in der Geschichte des Dichtens und Denkens, beim prosaischen Scheitern wenigstens die Prosa des Scheiterns herausgekommen, und das soll uns das Schlechteste nicht sein: sie teilt sich so mit dem Gemeinen Wesen, das sonst mit ihr nicht teilen mag, immerhin in die Dauer. Ja, man muß sich wohl überhaupt damit bescheiden, daß dies der

Sinn des Dichtens und Denkens auf Erden sei, wo die Zwecke des Dichtens und Denkens im Argen der Unerreichbarkeit liegen bleiben, und das wollen wir denn auch unerschrocken tun; am Großen Ganzen des Unverstands ist ohnehin nichts zu ändern. Alles wie eh und je: – tatsächlich hat sich's mir schon manchmal, wenn ich mich gar zu solitär fühlte, zu der Vorstellung verklärt, es habe sich, dieses Große Ganze, mit dieser seiner wundersamen Unabänderlichkeit gar in vorsätzlicher Fürsorge darauf geworfen, alles erdenkliche Seine dafür zu tun, daß meine Schreibereien nicht obsolet werden: ein liebenswürdiger Gedanke, zweifellos; es wäre das aber, bitte schön, in diesem Ausmaß doch nicht nötig, weil ich das mit ihnen schon allein besorge. Auch scheint es mir unter diesem Aspekt genug zu sein, daß an mir noch einmal ein altes Exempel statuiert wurde – : es wird im Gedächtnis bleiben, und was nach mir kommt, ist mit Sicherheit abgeschreckt genug, um in der Praxis eine kleine Lockerung der irdischen Haftbedingungen zu rechtfertigen. Zumal die Natur dann weg sein dürfte und dem Dichten seine Basis entzogen, während das Denken zuverlässig von einer Behörde geregelt wird: – ich meine doch fast, man könnte es riskieren. Aber das stehe dahin; ich will, wo genug schon am grünen Holz geschieht, nicht ernstlich hochrechnen, was am dürren werden möchte, und der Zukunft nicht das einzige nehmen, was sie noch für sich hat, nämlich die Spannung, mit der man ihr aus alter Gewohnheit entgegenblickt; bleiben wir beim Einstweilen, im Argen, beim Alten...

Einstweilen: alles wie eh und je; genug schon; kaum noch etwas Neues zu sagen. Nur eine, mir in den Dämmerungen der Jahre oft schon aufgestiegene Ahnung hat sich inzwischen zur Gewißheit verdichtet: mit der vorgeschlagenen Selbsthilfe, im Verein aller nächsten Beteiligten, ist es nichts; mit ihr heben wir das Problem nicht aus den quietschenden Angeln. Denn der Konsens, der hergestellt werden müßte, um dem wohlhäbigen Publikum generell drastisch erhöhte Bücherpreise aufzuerlegen und so das eben selbe die Besseren Bedingungen für die Erzeuger bezahlen zu lassen, dieser Konsens ist auf Erden wohl nun und nimmermehr zu erhoffen, wo der Mensch in Zwietracht lebt und der Bessere Mensch in Konkurrenz; da es zudem am Fraktionszwang fehlt, der im Parlament immerhin den gröbsten Unsinn verhindert, und die Verantwortlichen nur noch ihrem Gewissen verantwortlich wären, ist das Ergebnis unfehlbar gewährleistet: – das mag ich alles gar nicht mehr ausbreiten. Nein, die Verleger, unsere Freunde, können als Anwälte unseres Rechts erfolgreich nicht sein, nachdem sie uneins sind, bis daß der Tod sie scheidet – : wagt einmal einer den Alleingang, so riskiert er Kopf und Kragen; will er bleiben, was er ist, so muß er zurück. Denn dem handeltreibenden Menschen sind, selbst beim herzinnigsten Berufsethos, die Hände durch ein Eigeninteresse gebunden, das jenseits aller ökonomischen Systeme zum System schlechthin gehört; nach seiner wohltuenden Veränderung dürften wir erst in biologischen Zeiträumen gelegentlich einmal schauen. Das ist denn aber tragisch nun so allgemein, daß unser Besonderes fast unkenntlich darin verschwindet; für dieses ergibt sich daraus nur die trübselige Konsequenz, daß sich der Scheideweg der Möglichkeiten auf den Eingang zu einer Sackgasse verengt hat, und sie zu betreten zögert man doch sehr. Denn als einzige Instanz, von der Effektivität zu erwarten wäre, bliebe mithin eine, von der, einstweilen, Effektivität nicht zu erwarten ist; die einzige treffbare wie treffsichere Maßnahme gegen das Problem müßte sein, was einstweilen außer den Kunstwerken alles ist: ›politisch‹ – ja, schlimmer noch, sie müßte von der Legislative kommen, als Revision des den Urhebern der Kunstwerke bisher so wenig günstigen Urheberrechts: – ich habe sie schon im Umriß beschrieben. Sie müßte also kommen: von den Politikern. Und da geht die Hoffnung denn endgültig in die Knie – nicht vor ihnen, sondern angesichts ihrer – : wie sollten wir sie wohl bewegen? Sie sind ja nicht besonders hellhörig, wenn es um die Materia des Geistes geht, den sie sich, um Ruhe davor zu haben, gern rein immateriell vorstellen; und auf mich hören sie ohnehin nicht, was ich allerdings persönlich nicht weiter verübeln kann, weil ich selber, nach grad vollendeten 50 Jahren deutscher Geschichtserlebnisse, ja auch nicht auf sie höre und selbst die leckersten Anpreisungen mich nicht mehr vermögen, irgendeinen von den

Anpreisern zu wählen: – wodurch könnten sie bewogen werden? Die Verständigungsbrücken sind längst morsch, weil allesamt aus vergangenen Jahrhunderten stammend; wir sehen uns, nach der letzten, so munter wieder ins Kraut schießenden Evolution der Arten, kaum noch ähnlich. Wenn man sie nur im Zauberspiegel der Mattscheibe erblickt, wo sie für den Auftritt schön geschminkt werden, kann man sie leicht noch für bloße Brabbelköpfe mit immerhin gepflegtem Äußeren halten; lernt man sie aber in Wirklichkeit kennen und versucht sie gar bei Worten zu nehmen, so ist's mit aller Illusion im Nu entsetzlich aus. Ich habe mir ja meinen Kinderglauben so lange wie möglich nicht rauben lassen wollen und bin immer unpäßlich geworden, wenn sie's vermittels direkter Einladung versuchten: – so wurde vorsorglich auch der Bundespräsident abschlägig beschieden, obwohl er mich nur zur beiläufigen Unterhaltung eines Gastes, nämlich des irischen Staatsoberhaupts, beizuziehen plante, und schließlich sogar der Papst, der mir, wenn ich dem Münchener Kardinal glauben darf, bei seinem Deutschlandbesuch unbedingt gegenübertreten wollte –: es hat ja keinen Zweck; wir reden, auch wenn's Latein wäre, zu verschiedene Sprachen. Ganz vermeiden läßt sich's freilich nicht; man wird eines Tages einfach überrascht, wo man jemand ganz anderen erwartet hatte; zumindest die Minister summieren sich durch die Regierungswechsel derart, daß man ihnen kaum noch ausweichen kann. Weiter will ich dazu nichts mitteilen; »es gibt«, teilt dafür Lichtenberg mit, »Gesichter in der Welt, wider die man schlechterdings nicht ›Du‹ sagen kann« –: wohl wahr; auch das ›Sie‹ fällt einem immer schwerer bei ihnen; und daß ihre Zahl so beängstigend wächst, scheint mir vollends auf eine unglückliche Entwicklung zu deuten. Wir sehen uns nicht ähnlich, wir hören nicht auf uns, die Politiker und ich als altera pars pro toto –: das ist schon längst nicht mehr nur schlimm, weil sie so auf ihre eigenen Einfälle angewiesen bleiben, sondern weil auch uns die unseren damit ganz vergebens einfallen. Was ließe sich ernstlich noch tun?

Wie eh und je; kaum noch etwas. Mit den Politikern trübt sich ja nicht nur hier die Hoffnung von Grün nach Grau – : vollends, wo sie ganz schwarz wird, sind sie jenes ›Schicksal‹, das der Selbstkenner Napoleon fraglos vor Augen hatte, als er für Goethes Ohren das scheinheilige Abstraktum ›Politik‹ dafür setzte, und man kann noch heilfroh sein, wenn es einem zuletzt nur bis zum Hals steht und nicht an den Kragen geht. Sie sind das Schicksal, das uns schon an der Wiege gesungen wurde – : sollte man sich, nach 50 Jahren deutscher Geschichtserlebnisse, nicht endlich drein ergeben und alle Hoffnung prinzipiell fahren lassen? Außer vielleicht der auf den Zufall, Gottes Würfelspiel; er behält wohl seine immer geringen Chancen. Die Politiker, das Schicksal – dieses, wie eh und je: daß die Hälfte der Menschenwelt arm ist, ein Drittel hungert und das Ganze unter mutueller Morddrohung steht – : das Zifferblatt kreist, daß einem die Augen wirbeln; Ruhe, nur Ruhe… Fast erleichtert wendet man sich von solchen Aussichten in die eigene kleine Aussichtslosigkeit zurück – : nein, es ist nichts mehr zu tun, wo so sehr viel Mehr zu tun wäre, und gegen den Großen Stil, in dem unsere Herren Schicksale geschehen lassen, was geschieht, ist auch stilistisch nicht mehr aufzukommen. Bleiben wir denn, mit möglichst einiger Heiterkeit, wo wir sind, wie eh und je; bleiben wir bei der anderen Hälfte, notfalls beim anderen Drittel; es ist dagegen auch nichts mehr zu schreiben. Und unterlassen wir's, ihnen in den Rachen greifen zu wollen, unseren kleinen Herren Schicksalen – : sind sie zuletzt, wenn man mitfühlend hinsieht, von Ohnmacht zu Ohnmacht, nicht fast in einem ähnlichen Dilemma wie wir? Jedenfalls sieht man sie, auf bezeichnend panische Weise, derart um die eigene Bereicherung bemüht, daß man ihnen mit der Verarmung der Künstler und Künste gar nicht mehr kommen dürfte: ja, sie müssen selber schon Nebeneinnahmen erschließen, um ihre Tätigkeit noch leidlich lohnend zu finden – imgrunde doch ganz ähnlich wie wir, die auch mit den Kunstwerken allein nicht auskommen, nur daß die Industrie an uns leider weit weniger Interesse nimmt – ; einzelne Vorprescher, denen die allgemeine Entwicklung zu langsam geht, sind, wie ich höre, bereits zu direkten Raubüberfällen weitergegangen. Das läßt sich nun aber doch nicht nachahmen, zumal sie zum Vorbild ja nie so recht tauglich waren; wir wollen geschiedene Leute bleiben. Sicher, man könnte ihnen selber Geld bieten; aber wo sollte das nun wieder herkommen, wo selbst PEN, VS und sämtliche Akademien der Größenordnung der Ansprüche nicht gewachsen wären? Und wem könnte man den Umschlag, la busta, vertrauensvoll in die Hand drücken, ohne befürchten zu müssen, daß er in Kürze schon von der Szene gestolpert ist und seine Stätte ihn nicht mehr kennt? Es ist ja ein Kommen und Gehen, ein unablässiges Trappeln und Traben dort vor Ort; man weiß schier nicht wohin. All diese Amtsschimmel, früh ins Geschirr genommen und abends schon wieder abgehalftert, dazwischen bloß Wiehern, – all diese Riesenrösser des Schicksals mit ihrer Glücksritterei, die, heute emporgekommen, morgen schon erwischt sind –: wem von ihnen sollte man, bei so wenig Geschick in eigener Sache, die unsere noch anvertrauen? Nein, es lohnt sich nicht; es wäre eine fahrlässige Investition. Schade ist's nur, daß, wo mit ihnen so wenig Staat zu machen ist wie gegenwärtig, gleich mit dem ganzen Staat nichts mehr zu machen ist –: er kann ja kaum den Schönen Schein noch wahren, und man fühlt sich schon als bloßer Untertan vor dem gebildeten Ausland immer mehr geniert. Gegen den Vorwurf, er lasse sich die ganze Kulturkreativität einen Kehricht angehen, schirmt ihn von allen seinen klammernden Organen eigentlich nur der Fiskus: er allein schenkt uns ungeteilte Aufmerksamkeit, schöpft unermüdlich das bißchen Mehrwert ab, mäht die Einkünfte wie der Schnitter Tod und benimmt einem das Restchen Atem, das schließlich noch verbleibt, mit einer Formularkorrespondenz, mit der man ohne Beruhigungspillen gar nicht mehr fertig wird und die wie eine finstere Wolke über dem ganzen Dasein hängt. Und wofür man das alles opfert, was angeblich fürs Blühen des Gemeinwesens geopfert wird, ist, wie eh und je, auch nicht mehr über alle Zweifelhaftigkeit erhaben –: wenn ich denke, daß ich 10.000 Jahre lang Steuern zahlen müßte, um einen einzigen von den Starfightern zu erbringen, die dieses waffenversessene Gemeinwesen sich gleich schockweise zulegt und schockweise zu Schrott zerschellen läßt, dann wird mir doch recht staatsverdrossen zumute, und ich kehre lieber kampflos zu meiner eigenen Vorstellung vom Gestirnten Himmel über mir zurück. Irgendetwas ist da längst aus aller Proportion geraten; selbst die Fronbauern des finstersten Mittelalters hatten es leichter, ihre Staatsinhaber zu befriedigen. Ich erwärme mich seit längerem schon an dem aufklärerischen Gedanken, einmal eine Geschichte des Besteuerungswesens zu schreiben, von den kleckernden Anfängen bis zur klotzenden Gegenwart; nur fürchte ich mich vor den dann kaum noch abweisbaren Einsichten und Konsequenzen – : sollten wir am Ende, alles erwogen, doch unsern alten Kaiser Wilhelm wiederhaben wollen? Ich sage das nur ganz unverbindlich so dahin, weil sowieso keiner zuhört; wen meine Volksgenossen wiederhaben wollen, ist mir schon klar. Aber genug auch davon – sonst gerät uns das Thema dermaßen ins Bedeutend-Allgemeine, gegen das nichts mehr zu schreiben ist, daß unser spezielles Problem sich überhaupt nicht mehr darin sehen lassen kann – : es ist darin schon jetzt kaum noch zu sehen, und das Fortreden darüber zerfällt einem auf der Zunge – : blieb noch etwas ungesagt?

Wie eh; kaum noch; genug. Ich muß auch zum Schluß kommen, weil mir schon wieder eine Umsatzsteuererklärung bevorsteht, bei der auch »Fälle der nachträglichen Entgelterhöhungen und Entgeltminderungen sowie beim Wechsel der Besteuerungsform in früheren Besteuerungszeiträumen bereits versteuerte Anzahlungen oder noch nicht versteuerte Außenstände zu berücksichtigen« sind – : anschließend werde ich wahrscheinlich eine Woche lang keinen vernünftigen Satz mehr bilden können. Die Gedanken irren ratlos zwischen Himmel und Erde und wenden sich nicht ohne Verlangen jenem Bemessungsstichtag zu, da man den ganzen Besteuerungs-Zeit-Raum endgültig und einfürallemal wird wechseln können. Vielleicht verfügt man dann ja, nur leider zu spät, über die nötige mehr Engels- als Menschenzunge, um den Polithändlern begreiflich machen zu können, daß die Erzeuger oder besser Hervorbringer der Geistwerke auf Erden keine »Unternehmer« sind, die einen »Umsatz« machen: – wieso eigentlich müssen die Ärzte keine Mehrwertsteuer bezahlen? Nur weil sie den Mehrwert der Gesundheit bei ihrer Bemühung meist gar nicht erzielen? Das würde ich denn gern auch für uns als Gesichtspunkt in Anspruch nehmen –: auch da ist die Bemühung meist das Eigentliche und sollte als meist umsonst entsprechend fiskalisch gewürdigt werden; daß etwas Großes herauskommt, was der Menschheit ihr Elend lindern hilft, bleibt ja tatsächlich die Ausnahme und sollte eine humane Regel nicht stören. Ja, und wo denn einmal von den Narrenstreichen des Staates die Rede ist, sollte auch der zweite noch kurz in der Perspektive auftauchen, der uns lehrt, was der Fortschritt ist: jenes famose »Künstler-sozialversicherungsgesetz« von 1981, das unter dem Vorwand, uns im Dort und Einst des Alters nicht verkommen lassen zu wollen, die Abgabenlast im Hier und Jetzt um einen weiteren Zehnten erhöht hat, so daß man noch mehr für den Tag arbeiten muß und noch weniger für die Zukunft und Zeitlosigkeit arbeiten kann, für die eigene wie für die allgemeine. Als empfindliche Neben-folge dieser Zwangs-Handlung des Schicksals bekommt man des weiteren zu spüren, daß ein weiteres Haus voller Beamter ins Brot gesetzt wurde –: was soll aus ihnen werden, wenn die Künstler eines Tages konsequent ausgestorben sind? Ihre Pen-sion ist freilich weit sicherer als die uns ausgemalte Rente: – die habe ich mir hochgerechnet, und schon ihre theoretische Höhe ist so, daß einem Sonderangebote der Bestattungsindustrie à la »Why live if you can be buried for ten dollars?« auf einmal wie zum Zugreifen vorkommen. Von der praktischen Höhe läßt sich schon gar nicht mehr reden –: man kann ja unserm Schicksal, das derart den Augenblick plündert, kein Wort mehr glauben, wenn es mit künstlich verantwortungsbewußter Miene in die Zukunft weist wie die Kirchen aufs tröstende Jenseits; da wir jetzt bereits in der Pleite seiner früheren Visionen leben, hat auch die Stichhaltigkeit seiner jetzigen wohl nur allzu bald ein Absehen. Wahrscheinlich ist es dann längst zu dem Entschluß gelangt, überhaupt das ganze Gold des aufgehorteten Fonds für Eisen zu geben: – ich traue ihm dies, bei seiner schwindelnd wachsenden Verteidigungsbereitschaft, allen Ernstes zu und erkläre es hier; es mag einstweilen noch entrüstet tun und dann dereinst an mich zurückdenken. Einstweilen: kommt bei der ganzen Plage heraus, daß wir nun glücklich Doppelverdiener sein müssen, weil wir denselben Betrag, den wir zur Lebensfristung brauchen, für den Staat noch einmal verdienen müssen, damit er ihn verbraucht: nämlich 20 % (und mehr) Einkommensteuer, 7 % Mehrwertsteuer, 9,35 % gesetzliche Rentenversicherung, 6 % Krankenkasse (die natürlich auch eine Steuer ist) – und schließlich, damit das Maß voll werde, noch 15 % private Lebensversicherung, weil ja die zugedachte Rente – bei einem Gesetz, das einen erst in späteren Jahren getroffen hat – kaum mehr als die Miete wird decken können: alles zusammen weit über die Hälfte des gar nicht großen Ganzen, die indirekten Steuern unberücksichtigt gelassen, die einem aus dem meisten, was man ißt, trinkt und inhaliert, noch einen gehörigen Brocken herausreißen. Und diese Art Paralyse wird mit Sicherheit noch weiter progredieren –: die Ärzte erheben ihren Bedarf schon längst auf einem nur scheinbar komplizierten Umweg als Steuer; bald wird die Warenindustrie nachziehen und eine gesetzliche »Konsumversicherung« einführen, wo Alles zahlt, um im behördlich attestierten Bedarfsfall bekommen zu können; und fürs Ende des garstigen Lieds zeigt sich mir immer wieder die Vision, daß der Staat schließlich Alles einstreicht und für die Untertanen ein paar Zelte und eine Feldküche bereitstellt. Das wird für mich aber hoffentlich erst jenseits des erwähnten Bemessungsstichtags sein –: ich will im Einstweilen bleiben und habe auch da schon zuviel gesagt; genug, nur Ruhe, Ruhe... blieb noch etwas?

Nichts mehr; wie eh; genug auch räsoniert. Der Tag war lang und nicht ohne Anstrengung; wir wollen auch unsere Überlegungen mit ihm zur Ruhe bringen. Anschließend geht's ohnehin weiter wie gehabt: wir werden die Hände, die sich rühren müssen, mit möglichst nährendem Kram beschäftigen; wir werden die Bücher, die vielen kleinen Pläne, die groß werden möchten, die viel Liebe und Muße brauchten und zarteste Überlegung, viel Zeit also, unendlich viel Zeit, und die, wenn sie denn doch einmal zustande gekommen sind und zur Ware verdinglicht werden können, nur mit einem heillosen Defizit abschließen, weil der Ertrag weit hinter den Kosten der Produktion zurückbleibt, – sie werden wir auf die möglichst längste Bank unserer Lebenszeit schieben, jenem St. Nimmerleins-Tag entgegen, der die Übel zuverlässig endigt. Schon gut; es ist nicht anders. Schopenhauer meinte, und mit einigen Gründen, Bücher dürften dem Autor prinzipiell nichts einbringen, damit nicht um des Geldes willen geschrieben werde –: das ist weise genug gedacht (und wäre, verwirklicht, des Beifalls unserer Verleger zweifellos sicher); nur, er hatte eben eine lebenslange Rente, in deren Schutzraum sich's leicht weise sein läßt; unter dem Beding will ich mir wohl auch eine Vorstellung von der Welt bilden, die sich sehen lassen kann. Eine Rente – keine Alters- sondern eine Arbeitsrente – einen kleinen Schutzraum –: vielleicht könnte ich darin noch Etwas machen, was sich so nicht machen läßt; besser, kunst-voller geschrieben, als es so geschrieben ist; dauernder, als es so dauern kann? Schon gut; ich weiß es nicht – und will auch, wo ich nur pro toto, als Vikar des ganzen Berufsstands predige, in der Balance bleiben. Man setzt sich zudem den aberwitzigsten Mißverständnissen aus, wenn man sich mit solchen Wünschen seinen Lesern aussetzt –: »Villa mit Seeblick, rührige Domestiken, erfreuliche Kontoauszüge – wäre das die Ruhe, die Sie wünschen?« hat mir grad einer geschrieben, in der unbefangenen, leider mit vielen geteilten Erwartung, ich würde mit ihm, weil ich ja nicht wohin weiß mit meiner Zeit, darüber eine umständliche Korrespondenz anfangen. Als wollten wir gleich ein dutzendmal wie die Götter leben! Ach nein, ich will's nicht einmal einmal, obwohl mir Bedürfnisse, wie sie sich zahllose Kultur-Betriebsangehörige mühelos befriedigen können, durchaus nicht gänzlich fremd sind; ich will's nicht einmal ein halbesmal, nach Maßgabe etwa unserer Kollegen, der Universitätslehrer, die freilich unserer Sache, der Literatur, auch wesentlich sicherer sind: selbst bei ihnen muß der trainierteste Pegasus am Staube kleben, wenn ihm nicht der günstige Zephir (sprich: C 4) die Flügel bauscht. Nein, ich hätte nur gern einen ganz bescheidenen kleinen Schutzraum, um etwas mehr meinen Gedanken nachhängen zu können und meine Arbeit vor der notgedrungenen Zerfledderung zu bewahren; ich hätte nur gern, irgendwoher, eine ganz bescheidene kleine –

Genug; schließen wir ab. Es war ein langer Tag, und der endlose Winter ist nicht kürzer davon geworden; ich will mir noch einen kleinen Gang durch die Abendluft gönnen, bevor ich mich den nachträglichen Entgeltminderungen zuwende, und da das Problem, soweit es nur mich selber angeht, für mich allein zu Ende reden. Was nach mir kommt, ist abgeschreckt genug; es gibt nichts mehr zu –

– und vielleicht kann man sich ja damit trösten, daß auch die Bücher, die man nur im Kopf geschrieben hat, doch irgendwo erschienen sind, a. a. O. nämlich, dem zuletzt nicht unwichtigsten Ort: – was tun wir überhaupt auf dem Markt damit? Wer sein Leben darauf gestellt hat, kleine zarte Glassachen zu blasen, muß sich vor allen großen Plätzen hüten, auf denen die Schaufelbagger im Clinch –

– sicher, es wird, das Problem, durch diese Schaufelbagger selbst auch immer kleiner, zuletzt wahrscheinlich gegenstandslos; man lernt den Gleichmut dafür wie den fürs ganze Leben, das man ja auch nur erträgt, weil man nichts Besseres gewohnt ist, und das sicherste Mittel, sich wirklich um den Schlaf zu bringen, bleibt immer noch, an Deutschland in der Nacht zu denken, wo man wie eh und je nichts –

– nichts mehr. Man kann nur dokumentieren, daß es so ist, wie es war, – für jene utopisch-aeternen Zeiten, wo es vielleicht nur noch so war, wie es ist. Fortschritt, eppur; das Zifferblatt kreist; man wird –

Nein, man wird – als Dichter und Denker jedenfalls, vielleicht aber auch sonst – in diese Nation hineingeboren wie in ein Unglück.

IV.

Neujahrswunsch

Finale

Kehraus –
mit einer Verbeugung
vor dem Herausgeber
des ›Merkur‹
beim Hinausgehen
aus seinem Jahre

Zum neuen Jahre Wünsche machen
soll euch der Dichter? Wohl, es sei –
obschon der Brauch nicht eben neu,
so alt vielmehr wie der, ihn zu verlachen.
Das tat bereits vor mehr als zwei
mal hundert Jahren jener weise Mann,
aus dessen goldenem Spiegelbild
noch heute Glanz auf unsre Werke quillt
und dem wir darum gern es ähnlich machen,
so gut es gehen kann. Er sann
– und sagt' es ohne Scheu –, es sei
von allen wesenlosen Sachen,
womit wir bis in Charons Nachen
uns unterm Mond zu schaffen machen,
nichts Wesenloser's als ein Wunsch –
und wenn bei ihrem Nektar-Punsch
die Götter unsrer Wünsche lachen,
so haben sie, beim Kastor! recht –
ach, wie so recht! Es trifft sich leider schlecht,
daß auch in längst schon götterlosen Zonen,
wie brünstig einer auch was Ernstes dächt'
und hielt' sich gar nach Kräften unbezecht,
den Wünscher will kein größrer Ernst belohnen.
Nun ist ja, was auf dieser Welt
uns unentwegt in Atem hält,
so sehr es auch zum Schreien bliebe
und gar zu oft zum Speien triebe,
am Ende irgendwo zugleich zum Lachen
und könnte unter höherem Aspekt
nur zur Belustigung bezweckt
erscheinen und zum Witzemachen –:
Wie sollte da, wo das, was wir erwirken,
nur unsrer Torheit trister Widerschein,
was wir erwünschen, viel gescheiter sein!
Und gar in außerirdischen Bezirken
behält erst recht der alte Meister recht:
Du schöne Harmonie der Sphären,

wo bliebst du, würde Zeus dem irdischen Geschlecht
nur Einen Wunsch auf jeden Kopf gewähren?
Nur Einen Wunsch – wenn's euch gefällt,
so streicht getrost die Bagatellen –
Mehr braucht es nicht, um eine Welt
wie unsre auf den Kopf zu stellen.
Da sähe man nicht nur die Armen flehen,
der Winter möge möglichst milde sein,
und gleich dabei die Kohlenhändler stehen
und Zeus für strenge Fröste benedein –
nein, viele Wünsche hätten einen Schliff,
von dem ganz andre Funken sprühen,
und müßten jeglichen Begriff
von Kopfstand in den Schatten ziehen –:
Der möchte unsre Wünsche selbst planieren –
der wünscht' als Walze sich des Staates Schiff
und, was wir zaghaft gegen-demonstrieren,
als Nötigung bestraft und Übergriff –
der wollte überhaupt regieren
nur durch Posieren und Paradieren –
der durch Dressieren und Kontrollieren,
durch Ignorieren und Schikanieren –
der durch Blockieren und Forcieren –
der durch Marschieren und Attackieren,
durch Annektieren und Ruinieren,
durch Kolli-, Liqui-, schließlich Bombardieren –
der, ginge's nur nach seinem Pfiff,
wollt' selbst den Acheron movieren – –
ach, wenn Zeus alle die beim bloßen Wünschen nähme
und machte's wirksam, vollends jene Würger,
für deren Wünsche nur ein toter Bürger
ein guter Bürger ist, – ach, dann bekäme
ein jeder Knallkopf schließlich seinen Knall
und einen Knallknopf jede Pfote,
ein Schlachtfeld jeder Feldmarschall,
der Generalstab Megatote;
wir hätten bald ein Land wie Mitte dreizehnhundert

und sähn die Geißler, die die Pest verbreiten,
in Reih und Glied durchs Mittelalter schreiten
und wären ob der Wende baß verwundert.
Da wolln wir's denn zufrieden sein,
daß unsre Flausen nur ein mattes Glimmen,
das nirgends Feuer macht, und unsre Stimmen
gern abermals dem alten Weisen leihn:
Zum Glück für uns und für die Welt
fällt aller unsrer Wünsche wegen
kein Flöckchen Schnee, kein Tröpfchen Regen
mehr oder weniger, als fällt,
wenn wir uns auf die Ohren legen
und lassen alles sich bewegen,
wie es dem lieben Gott gefällt.

Nun, es bewegt sich viel, und unser Erdenwallen
hat manchen Schnee- und manchen Regentag;
doch was dem lieben Gott gefallen mag,
kann längst nicht mehr auch gleichso uns gefallen.
Vielmehr, es bliebe viel zu bessern fällig,
und hätt' das Wünschen nur mehr Sinn, den Grund,
den würden wir schon finden und
damit auch gern auf dem Olymp vorstellig.
Denn längst fällt jener Regentropf uns sauer,
und auch das weiße Flöckchen Schnee
ist längst nicht mehr wie eh und je
ein Labsal für den Weltbeschauer –
das sieht allmählich selbst der dümmste Bauer.
Doch daß auch unsre Obrigkeit es seh',
das dauert' lang und braucht noch längre Dauer,
und was sich aufbäumt, sind nur erst die Bäume.
Inzwischen droht uns ein ganz andrer Schauer,
doch jene schließt auf ew'gen Sommertag,
weil's lange Sommer war, und hält für böse Schäume,
was uns geträumt von diesem Niederschlag.
Dagegen will sie uns die Aussicht überdachen:

sie fesselt emsig unser Augenmerk,
turnt munter hoch im Balkenwerk,
doch was herauskommt, sind geflickte Sachen –
und wo der Zimmermann die Axt im Haus
ersparen will, wird umgekehrt kein Schuh,
doch bald ein Polizistenstiefel draus,
und schon ist erste Bürgerpflicht die Ruh'.
Wie schade um das redliche Gemäuer!
Es war und ist ja doch ein schönes Haus,
doch die Verwalter wolln zu hoch hinaus,
und für uns Mieter wird das bald zu teuer.
Schon greifen sie uns frech in alle Taschen
auf eine Art, daß man Vergleiche sucht,
und was dafür an Spesen wird verbucht,
hat sich mit allen Abwassern gewaschen.
Nun ja, das sind die alten Maschen
der Macht, denn auch gewählte Macht
hat an sich selbst noch nie zuletzt gedacht
und drängt zum Großen Topf nur, draus zu naschen:
's gehört zum Lauf der Welt, gut, und in dem Betracht
sind, mit Vergunst, ja auch Demokratien
mehr oder minder nichts als Lotterien,
daraus der Nieten viele sind zu ziehen,
und ihres Zufalls wäre leicht gelacht:
so oder so, wir müssen blechen –
die Wahl gewinnen, logisch, die Gewählten
und nicht die Wähler, die nur vorher zählten,
und viele zahlen, damit wenige zechen.
Das wäre alles schon ganz recht – und Rechte
sind's allemal, ganz wunderschön legal –
und loyal, nach alter Herrnmoral,
sind unsre Herrn total, und ihre Knechte,
die von Industriomanie verhext
ringsum Natur und Elemente roden,
stehn derart auf des Grundgesetzes Boden,
daß an der Stelle bald kein Halm mehr wächst.
Schon recht – nur: hätten sie doch bessere Methoden!

wär' das, womit sie sich bekleckst
auf ihren Westen, Ruhm – Spur von Genie,
Weitsichtigkeit und nicht nur Myopie,
nur feist bebrillte Staatsbürokratie
und Kumpaneienkompanie,
die alte garstige Liedermelodie! –
wir wären gar nicht ihre Antipoden,
wärn ihnen vielmehr gern Rhapsoden schönster Oden –
allein, es ist wahrhaftig wie verhext,
sie liefern uns nur ausgelaufne Moden,
und die Parteienmaschinerie
läuft auch geschmiert so schlecht wie bisher nie.
Sie sind gewählt, doch ach! nicht auserkoren:
es wird gewuselt, wird gepfuscht,
wo was herauskommt, wird's vertuscht,
und wer erwischt wird, der bleibt ungeschoren –
nur daß der Bürger bei dem allen kuscht,
das wird als innerer Friede hochgeschworen.
Dies alles mehr aus Torheit als aus Tücke:
wo früher leidlich Bildung war,
klafft heut' die allgemeine Lücke,
und wer sie büßen muß, ist offenbar...
Ihr ungelenk gedankenlosen Lenker!
Wenn ihr mit Zuversicht so weitermacht,
hat sich's im Volk der Dichter und der Denker
bald ausgedichtet und -gedacht!
Ihr fummelt rüstig uns um Kopf und Kragen,
faselt uns voll aus steppenleerer Brust,
doch eines Tages wird es allen tagen,
ihr hättet in den wahren Lebensfragen,
ja, schlimmer, in den Überlebensfragen
soviel als von Herrn Schwerdtleins Tod gewußt!

Genug, genug – wir müssen disponieren:
die Zeit verrinnt, und das Problem
ist größer, als ein schlicht Poem

könnt' ganz zu Ende räsonieren –
so, daß ein jeder Depp sein Teil bekäm'.
Sich was zu wünschen – ach, wie viele Gründe!
Man brauchte schier die Staatsbeamtenpfründe,
damit das Listenwerk einmal ein Ende nähm'
und alle dafür würdgen Köpfe rollten.
Und wünschen wir nicht schon? Was ist mit uns geschehn?
Indem wir sagen, was wir schlimm gesehn,
ist schließlich auch gesagt, was wir gern besser wollten.
Wir wünschen schon – trotz Schnee und Regen,
und was wir eben noch verlacht,
im Handumdrehn ist's ausgemacht,
daß wir uns selbst darauf verlegen.
Fast möcht' man, wie der Beter sich erkeckt,
mit ausgeklügelt frommen Zaubersätzen
den Weltgeist an die irdsche Arbeit hetzen,
denn 's scheint, mit schuldigem Respekt,
Ihm fehlten ob der kosmischen Geschäfte
für unsre kleinen Dinge oft die Kräfte,
so daß manch weiser Ratschluß einfach unvollstreckt.
Ach, wieviel Gründe! Ja, wir sind dabei –
wir wünschen mit – warum? Uns nicht zu überheben
im lachhaft kümmerlichen Menschenleben
mit seiner bunten Narretei,
indem wir tun, als wärn wir davon frei?
Nun, oder wolln wir bloß belegen,
wir seien leider Gottes zwar dabei
gewesen, aber strikt dagegen?
Dient's uns, ein schlecht Gewissen abzuspeisen,
daß wir mit Inbrunst gegen alle Frechen
des Raben »Nimmermehr!« aussprechen?
Ist's mit dem Wünschen wie beim Glückshufeisen,
das hoch wie eine saure Traube
in manches Pyrrhon Wohnung hängt,
der drüber lacht, doch bei sich denkt,
es solle ja auch helfen, wenn man nicht dran glaube?
Ach ja, was man auch Gut's erwerben kann,

das Beste sind noch immer Illusionen...
Viel Wirrwarr und Warum – wir wolln uns schonen
und lieber nochmals sehn, was unser Meister sann:
Was man sich wünschet, schreibt er, *hofft man gern,*
und ist die Hoffnung nicht des Lebens Angelstern?
Noch mehr, ein Wunsch, den wir verschenken,
ist eine Art Wohlthätigkeit,
falls euch beliebt, hinzuzudenken,
der Wünscher wäre sehr bereit,
wenn er der große Mogul wäre,
noch mehr zu thun; – und kurz und gut,
ein frommer Wunsch, bei warmem Blut,
macht immer userm Herzen Ehre.
Das ist ein Schluß, verschmitzt zugleich und schlicht –
das heiß' ich ein Problem bezwingen!
Man sieht – wo sähe man es nicht? –
daß auch in philosoph'schen Dingen
nicht sonderlich viel Neues kann gelingen,
was nicht schon längst ein Alter spricht,
und wo es uns an Gründen selbst gebricht,
da lassen wir sie gern von ihm erbringen.
Drum wollen wir ein letztesmal zitieren,
was seinem Herzen Ehr' erweist,
und dann, in seinem Stil und seinem Geist,
ein wenig selbst die Zunge rühren,
den Abderiten, die er uns zu kennen
gelehrt, was Rechtes auf den Pelz zu brennen,
wo nicht die Feuerpein in das Gebein –
denn wenn wir uns auch auf die Ohren legen
und lassen alles sich per se bewegen,
so wolln wir auf den Mund doch nicht gefallen sein.

Er wünscht, so lesen wir, *uns allen miteinander*
Zufriedenheit, der Güter höchstes Gut!
Den Galliern Geduld, den Polen frohen Muth,
den Deutschen attisch Salz, den Briten leichtes Blut

(auch ruhig Blut, so mein' ich, täte gut) –
fürwahr, das wünschen wir selbander!
Und fügen an: den Russen schöne Lieder
(warum? das steht nicht ohne Schwung
nun wiedrum in der Götzendämmerung)
und Miss Amerika ein neues Mieder.
Man sieht, 's fängt friedlich an, doch zwischenein
soll uns auch gleich ein andrer Ton gedeihn:
Wir wünschen, grad zu Friedlichkeits-Behufen,
so manchem auf der Welt ein böses Ende
(und find' er's auch, behüte! nie durch unsre Hände,
wir sähn ihn doch von Zeus gern abberufen)
und allem, was habacht stehn läßt und stramm,
den Militärs mit ihrer Todeslust,
Infarkte in die öde Tressenbrust
und einen exitus ad tabulam.

Gemach, gemach – wir sind schon wieder heiter;
wir wenden uns vom großen Weltgebild
und wünschen mild im eignen Lande weiter,
wo's vorerst andre Sorgen gilt:
Dem, was man Politik dort heißt,
ganz allgemein ein bißchen mehr Ideen,
Einfälle, nicht nur aus Versehen,
wenn möglich, eine Spur von Geist;
dafür den Wendern weg die schlaue Wendigkeit,
dem Schwindelaufschwung einen linken Schwinger,
dem Kanzler jeden Tag ein neues Kleid
und dem Minister, der so rührig schwört
auf das, was unsern innern Frieden stört,
beim nächsten Schwören einen schlimmen Finger;
und jenem andern, seinem Antipoden,
was auf den grundgesetzten Hosenboden,
und manchem dritten eine kürzre Leine,
und manchem vierten etwas längre Beine;
dem ganzen Bonn dort schließlich eine Bonne,

die unsern fidelen Verwaltungsbuben
in ihren feudalen Verwaltungsstuben
ein bißchen auf die Finger sieht,
dümmliche Ohren länger zieht
und, gibt's auch Neueres unter der Sonne,
doch frank ad oculos demonstriert,
wer uns so hörbar dort i. A. regiert;
zuletzt der großen Unzulänglichkeit
in toto mehr Selbst-Bänglichkeit,
und auf das ganze Personal
Nullbock bei unsrer nächsten Wahl!

Da wäre schon dem Gröbsten baß gesteuert;
doch bis das Große Ganze sich erneuert,
bleibt noch so mancher Griff ins Wünschefaß,
und was zu wünschen, ist schier ohne Maß.
Nur wenig läßt sich hier geziemend unterbreiten –:
Den Formularen einen Feuerofen,
den Bürokraten schwere Katastrophen,
und allen Datenbanken Dauerpleiten;
dazu der Elektronik-Industrie
so manchen Kurzschluß spät und früh;
dem Fernsehn Bild- und Tonausfall,
Funkstille allem Pop- und Mop-Geknall;
den lauten Stimmen Lähmung, Apathie,
den leisen aber wieder Widerhall,
und Schutz uns überhaupt vor allem bloßen Schall,
Krawall und Knall und Fall; mehr Poesie
in unsere Gesellschafts-Szenerie;
mehr Melodie, Magie und Phantasie
und Nachtigallen überall...
dem Dichten fähige Verfasser;
dem Denken viel mehr Oberwasser;
der Kunst mehr Ernst und auch mehr Spaß,
mehr Ebenmaß; und Augenmaß
der künstlich hohen Wissenschaft

und dem, was unweis' ihr entrafft
und in dem Welttheaterspiel
die große Rolle spielen will
(die wünschen wir uns bald in Fetzen
und der Regie viel Mut und Glück,
so manches super-starke Stück
vom Spielplan wieder abzusetzen);
der Pyrotechnik von den KKWs
bei ihren Coups ein gut versengt Gesäß;
den Rollfeldplanern keine neue Rolle,
den Autobahnern Durchfall und Skandal,
den Flurbereinigern ein krummes Lineal,
und den Planierern nirgends eine Scholle;
den Amtsverwesern Mangel an Beton,
und weniger Zement dem Amtsjargon,
und allen Ämtern überhaupt
viel weniger erlaubt, als das Gesetz erlaubt;
Entsorgern das Entsorgerecht entzogen,
dafür die Generäle faßverpackt
in ihre tiefste Deponie gesackt,
und obendrauf die Kernkraft-Demagogen;
am Ende unsrer Polizei
Besonnenheit bei jeder Schlägerei,
Knappheit an frischen Knüppelschwingern
und keinen Abzug an nervösen Fingern –
sonst denkt man eines Tags noch sonder Ruh',
es ginge ohne sie kaum krimineller zu;
ja, und wo noch Vergangenheiten toben
in der Justiz, Relikt der Barbarei,
die allzu lang dabei – dem braunen Brei
der alten Nazi-Richter Nessus-Roben!
Und weiter so und immer weiter fort:
Den Mächten Tort, der Ohnmacht einen Hort;
der Gier den Garaus, allen Schiebern Hiebe,
den Handelsspannern ein Prokrustes-Bett,
den Plünderern nur Plunder, und ein Brett
vor jeden Kopf, der gern vernagelt bliebe...

Am Ende aller Wünsche-Hatz und -Hetz:
Der Staatsmacht, allgemein und insgesamt –
der Staatsmacht, von der längst die Langmut selbst entflammt,
der Staatsmacht, die, von uns beordert,
an unser Wohl und Wehe denkt
und, wenn von beidem überfordert,
sich bald vielleicht aufs letztere beschränkt –
der Staatsmacht ein Entmächtigungsgesetz!
Schon längst darf sie – wie sagt man das zivil? –
zuviel, zuviel, zuviel, zuviel, zuviel,
zuviel, was durch Bedarftheit nicht gedeckt ist,
was in Bedürfnis dürftig nur versteckt ist,
und was sie weiter dürfen will,
das darf nicht angehn – und das geht doch an,
wenn sie uns erst total verwaltet und verkabelt
und ihren Wanst an alles Leben nabelt,
daß niemand sich mehr rühren kann:
Wenn sie, die einst die Todes-Strafe
dem Strafrecht nahm, aus böser Setzer Hand,
sich selbst per Staatsrecht in den Stand
setzt, sie – für Böcke wie für Schafe
als Hirte – landesweit von Rand zu Rand
bewirkend für uns alle zu verhängen –
ah, läßt sich dies Sich-Setzen nicht gesetzlich engen,
dann gnade Zeus euch, Freunde, Vaterland!

Doch damit sei's genug der bangen Wünsche.
Wir wolln nach Kräften wieder heiter sein
und heben zum Sylvester unsre Pünsche,
uns selbst des Narrentums zu zeihn:
uns selbst beim Wünschen zu verlachen
und – unserm Herzen Ehr' zu machen.
Doch zollen wir der Narrheit gern Tribut
und wünschen denn zuletzt mit frohem Mut:
den Heiden Christen und den Christen Heiden,
den alten Leuten oft noch neue Lenze,

den Leidenden nur winzig kleine Leiden,
den Maiden allzeit frohe – nun ja – Weiden,
den Knaben allzeit frohe – nun ja – Tänze,
den Menschen überhaupt viel Lust
und Liebe und möglichst wenig Frust,
den Wäldern Grün, den Wiesen Gräser,
Sonne vom Mai bis zum August,
und meinen Büchern viele neue Leser.

NACHWEISE

In diesen geistfernen Zeiten . . . Geschrieben im Juni 1976 und als Rede gehalten am 1.7.76 in der Bayerischen Akademie der Schönen Künste, München, anläßlich der Verleihung ihres Literaturpreises: ›Das Tintenfaß‹, herausgegeben von Daniel Keel und Gerd Haffmans, 12. Jahrgang, 26. Folge; Diogenes Verlag AG, Zürich 1976.

Alle Jahre wieder . . . Geschrieben im Oktober 1977 für den Rundfunk. Erstdruck (gekürzt): ›Die Welt‹ vom 4.3.1978.

Et in aeternum . . . Geschrieben im April 1985 für diese Ausgabe. Erstdruck.

Neujahrswunsch . . . Geschrieben im Oktober 1983 für den Rundfunk zum Ausklang des Wieland-Jahres und unter Verwendung des Neujahrwunsches 1774 aus dem ›Deutschen Merkur‹. Erstdruck: ›Der Rabe‹, herausgegeben von Gerd Haffmans, Nr. 5; Haffmans Verlag AG, Zürich 1984.

Hans Wollschläger, geboren 1935 in Minden, studierte an der Musikakademie Detmold; lebt als Schriftsteller, Übersetzer, Organist und Psychoanalytiker in Bamberg.

Im Haffmans Verlag erschienen: *Herzgewächse oder Der Fall Adams*. Fragmentarische Biographik in unzufälligen Makulaturblättern. Erster Band, 1982 – *Wir in effigie*. Hans Wollschläger liest aus ›Herzgewächse‹, 1984 – *Von Sternen und Schnuppen*. Bei Gelegenheit einiger Bücher, 1984 – *In diesen geistfernen Zeiten*. Konzertante Noten zur Lage der Dichter und Denker für deren Volk, 1986 – *Oscar Wilde, Ein idealer Ehemann*. Komödie, neu übersetzt von Hans Wollschläger, 1986 – Außerdem Beiträge im Magazin für jede Art von Literatur *Der Rabe*.